Alte Städte

Karten und Ansichten

CIVITATES ORBIS TERRARVM
CONSOCIAT. HVMANI GEN. ORIGO.
ARCHITECT. RVDIM.
DOMICIL. TYROCIN.
LIBER PRIMVS.

ALTE STÄDTE

KARTEN UND ANSICHTEN

Kommentiert und mit einer Einleitung versehen
von John Goss

Neff

Alte Städte, Karten und Ansichten. Kommentiert und mit einer Einleitung versehen von John Goss.

Titel der Originalausgabe
City Maps Of Europe
erschienen bei Studio Editions Ltd., London

Deutsche Erstausgabe
Aus dem Englischen von Angelika Oberhof

Textbearbeitung: Dr. Uta Kreuter
Printed in Hongkong
ISBN 3-7014-0308-2

EINLEITUNG

„. . . Allein die Hoffnung auf ein gut Geleit vertreibt die Schwermut . . . Welch größeres Vergnügen kann es geben . . . als Städte in den Büchern zu erleben, die Braun und Hogenbergius herausgegeben?“
Robert Burton: *Anatomie der Melancholie* (1621)

Georg Brauns und Frans Hogenbergs *Civitates orbis terrarum* (Städte rund um den Erdkreis) sind eines der großen historischen Werke der Buchkunst und eine Huldigung an die europäische Stadt als solche. Sie lassen die Sammlerherzen heute noch genauso höher schlagen wie ehemals; als Beweis dafür diene Robert Burtons berühmter Kommentar. Veröffentlicht in sechs Bänden über eine Zeitspanne von fünfundvierzig Jahren (1572-1617), ist dieses Werk einer der ersten „modernen“ Atlanten, der uns heute eine detaillierte Übersicht über an die 530 meist europäische Städte verschafft, wie sie sich vor etwa 400 Jahren dargestellt haben.

Die *Civitates* – so die gebräuchliche Abkürzung des Titels – vereinigen die Werke hervorragender Künstler, Graveure und Kartographen in einer Serie von Frontal- und Schrägansichten, Ansichten aus der Vogelperspektive und maßstabsgetreuen Stadtplänen – letztere eine Darstellungsform, die dem Leser von heute wohl am vertrautesten ist. Georg Braun, Mitherausgeber von Frans Hogenberg, bevorzugte die Schrägansicht. Seiner Meinung nach „sollten Städte dergestalt gezeichnet werden, daß der Betrachter in alle Straßen und Gassen hineinzuschauen vermag und ihm alle Häuser und Plätze offen vor Augen liegen“.

Braun und Hogenberg legten großten Wert darauf, daß die Karten mit einer Fülle von Details ausgestattet waren, die das Typische einer Stadt hervorhoben. Durch die bildliche Darstellung vermittelten sie dem Leser einen Eindruck der wirtschaftlichen Verhältnisse, des Reichtums, ja sogar der gesellschaftlichen Struktur der Städte und Metropolen Europas sowie einiger der unmittelbar benachbarten Regionen Afrikas und Asiens. Wo es der Platz erlaubte, wurde die betreffende Ansicht durch anschauliche Details der landschaftlichen Umgebung belebt – Wälder, Äcker und Wiesen, Weinberge und Obsthaine, Gärten und Niederungen, die zum Teil von Flüssen oder Brackwasser überschwemmt sind.

Wasserstraßen waren zur Zeit der ersten Veröffentlichung Ende des sechzehnten und Anfang des siebzehnten Jahrhunderts die wichtigsten Transportwege für Massengüter, wie zum Beispiel Korn, Holz, Salz und Steine. Große Sorgfalt wurde daher auf die Abbildungen von Flußkähnen und seetüchtigen Schiffen verwandt, so beispielsweise der holländischen Kauffahrer im Hafen von Danzig oder der Lastkähne auf dem Rhein, der Themse oder der Weichsel.

Manchmal ist auch der Waren- und Personentransport zu Lande dargestellt: beladene Karren, Kutschen des Adels oder der einfache Händler zu Fuß. Farbige Illustrationen von Trachten verschiedener Volks- und Berufsgruppen beleben zusätzlich das Bild. Dabei stört es nicht, daß die Gestalten viel zu groß sind im Vergleich zu den Stadtansichten, vielmehr vermitteln sie dadurch einen Eindruck der Entfernung, so daß der Blick des Betrachters unwillkürlich den Mittelpunkt des städtischen Lebens sucht – die Märkte Hamburgs, das Verladen der Claret-Fässer an den Kais von Bordeaux, das geschäftige Treiben der Händler Venedigs oder den ernsthaften Disput zweier Männer in akademischer Robe vor den Toren Oxfords.

Warum und wie, fragen wir uns, wurden solche Stadtansichten und -pläne angefertigt? Die perspektivischen Darstellungen, wie sie in den *Civitates* zusammentreffen, erlaubten dem Kartographen, dem Betrachter die vertikale Ebene zu vermitteln – nämlich die Ansichten wichtiger Gebäude und ihrer architektonischen Besonderheiten – unter Beibehaltung der horizontalen Ebene, wobei in den meisten Fällen mehr Gewicht auf die „bildhafte“ Darstellung als die maßstabsgetreue Wiedergabe gelegt wurde. Stadtplan und -ansicht waren zu einem „Ansichtsplan“ zusammengefaßt, der zwar den Grundriß der Stadt wiedergab, gleichzeitig aber viele Gebäude in der Schrägansicht zeigte. Auf diese Weise konnte der Kartograph dem Leser einen Eindruck von städtischer Größe, Macht und städtischem Reichtum verschaffen und gleichzeitig seine Meisterschaft in der Kunst der perspektivischen Darstellung unter Beweis stellen.

Fast scheint es, als sei eine Art Zensur bei der Anfertigung vieler Stiche dieser Sammlung ausgeübt worden. Wir sehen uns in den *Civitates* einer nahezu idealen bildhaften Beschreibung der europäischen Stadt des späten sechzehnten und frühen siebzehnten Jahrhunderts gegenübergestellt.

Daß einige Sammler das Werk als eine der schönsten Kostüm- und Trachtenbeschreibungen überhaupt schätzen, sollte nicht verwundern angesichts der großen Zahl von detaillierten Darstellungen lokaler und regionaler Trachten im Vordergrund vieler Stiche. Selten lassen die abgebildeten Personen Anzeichen von Trauer, Unruhe, Aufruhr oder Streit erkennen, oft genug sind sie bei Vergnügungen allerlei Art dargestellt. Nicht nur reiche Edelleute und Patrizier stellen dem Betrachter mit stolzer Verbeugung ihre Städte vor. Mitten im Vordergrund vieler Ansichten wird auch den Handwerkern, Arbeitern, Landleuten und Bauern, kleinen Händlern und Schiffern Geltung verschafft, indem sie bei der Verrichtung ihres Tagwerks gezeigt werden: beim Weinanbau an den Hängen des Rheins und der Loire, in der Gascogne und in Burgund; in Südspanien wird Korn eingebracht, Flachs und Baumwolle werden in Cadiz, Barcelona und Marseille für den Export in ferne Länder gebündelt; reiche Kaufherren aus Danzig profitieren vom einträglichen Roggenhandel mit Amsterdam, und die stolzen Bürger Nürnbergs reiben sich freudig die Hände über den Gewinn, den sie in Ländern südlich und östlich der Alpen erzielen konnten.

In vielen Szenen entlang der Straßen Frankreichs oder Spaniens bezieht sich der Künstler, Joris Hoefnagel (auch als Georg Hufnagel bekannt), in Begleitung seiner Reisegefährten mit ins Bild ein, oder er wird gezeigt, wie er an einem müßigen Tag am Wegesrand Rast macht. Das vorgeschichtliche Grabmal vor den Toren Poitiers zeugt überdies von den Besuchen Hoefnagels 1561 und später, 1580, durch Braun. Für jeden deutlich sichtbar sind ihre Namen zu erkennen, eingemeißelt in das uralte Gestein.

1572 erschien zu Köln der erste Band eines Gesamtwerkes von insgesamt sechs Bänden mit Stichen von Ansichten und Plänen der damals bedeutendsten Städte Europas und einiger Städte außerhalb des Kontinents, die Kontakt zu Europa unterhielten. Der Titel des Gesamtwerks, *Civitates orbis terrarum*, fand lediglich als Titel des ersten Bandes Verwendung. Die nachfolgenden Bände, veröffentlicht ca. 1575, 1581, 1588, ca. 1598 und schließlich 1617, trugen eigene Titel in Abwandlung des ersten. Jeder Band erschien in lateinischer, deutscher oder französischer Sprache.

Das zwischen 1572 und 1617 veröffentlichte Gesamtwerk enthält 363 Tafeln mit Ansichten von insgesamt 531 Städten und Metropolen, Stadtplänen und heraldischen Schmucktafeln. Keineswegs zufällig ähneln sich die Titel des *Theatrum orbis terrarum*, des großen Weltatlasses von Abraham Ortelius (eines Zeitgenossen von Braun und Hogenberg), der erstmals 1570 in Antwerpen erschien, und der *Civitates orbis terrarum* von Braun und Hogenberg. Letztere werden von Sammlern oft als rechtmäßiges Begleitwerk des ersteren bezeichnet, und sehr häufig, besonders in den deutschen Ausgaben beider Werke, findet man sie in einer identischen Aufmachung vor, gebunden in braunem Saffianleder mit Gold- und Silberprägung.

In einem Brief an Ortelius vom 31. Oktober 1571, wenige Monate vor der Veröffentlichung von Band I der *Civitates*, schreibt Georg Braun: „Aus vielerlei Gründen vermuten einige gelehrte Leute hier in Köln, daß Meister Frans' [= Hogenbergs] Buch der Städte bei dem Leser mehr Gefallen finden würde, wenn Plätze, Kirchen und Stadttore mit dem vulgärsprachlichen Namen bezeichnet und so dem Gelehrten wie dem ungelehrten verständlich wären; der Gelehrte, weil er die lateinische Bezeichnung auf der Rückseite findet [in der Art wie die Legenden zu den ausgewählten Tafeln im vorliegenden Buch angeordnet sind], der Ungebildete, weil er seine eigene Heimatstadt mit Namen, die ihm vertraut sind, dargestellt sieht. Ich glaube, der Nutzen eines solchen Vorgehens liegt auf der Hand, wenn Stadtansichten einzeln verkauft werden, den Bürgern würden sie weniger gefallen, wenn sie nichts von dem verstehen, was sie lesen."

Brauns Absicht war es, die Städte in ihrem ganzen Gefüge zu zeigen, sowohl ihr äußeres Erscheinungsbild samt der Umgebung als auch die Berufe ihrer Bewohner sowie die Entwicklung des Handwerks und der frühen Industrie. Manchmal war er voller Lob – vielleicht um den Verkauf seiner Bücher anzuregen –, ein andermal erging er sich in kritischer Betrachtung der jeweils anzutreffenden Zustände. Viele Beschreibungen, vor allem von Städten in Frankreich und Südspanien, spiegeln ein detailliertes Wissen wider, das vermuten läßt, daß Hoefnagel selbst die Texte aufgrund eigener Beobachtungen verfaßt hat.

Bei einer Vielzahl von Figuren, die in landesüblicher Tracht angetan die Karten belebten, hatten sich die Künstler an zeitgenössischen Vorlagen orientiert, so zum Beispiel an Abraham de Bruyns *Omnium poene gentium imagines* (Antwerpen, 1577) oder an dem berühmten *Trachtenbuch* von Hans Weigel und Jost Amman (Nürnberg, 1577). Die Tatsache, daß die meisten Ansichten mit Darstellungen von Bewohnern der Stadt versehen waren, hatte einen interessanten Nebeneffekt: Als die Türken in den Südosten Europas vordrangen, wären ihnen die detaillierten Stadtkarten von großem strategischem Nutzen gewesen. Doch durften sie sich ihrer nicht bedienen, da ihre Religion ihnen die Darstellung menschlicher Personen untersagte.

Die *Civitates* waren die Antwort auf eine starke Nachfrage seitens der Öffentlichkeit. Von einigen wenigen Ausnahmen abgesehen, enthielten Druckwerke meist nicht mehr als eine Handvoll urbaner Darstellungen, von denen ein großer Teil zudem weder repräsentativ war, noch im entferntesten der Realität entsprach. Gewöhnlich wurden Stadtpläne und -ansichten einzeln angefertigt, in mehrblättrigen, aufwendigen Ausgaben zur Präsentation in großen Patrizierhäusern oder Adelspalästen. Unnötig zu betonen, daß die *Civitates orbis terrarum* eine ganz neue Art von Druckwerk darstellten, nämlich den ersten systematischen Städteatlas.

Sein Hauptherausgeber, Georg Braun (1541-1622), war stark von Abraham Ortelius beeinflußt. Er gehörte dem Klerus in Köln an und verbrachte fast sein ganzes Leben in dieser Stadt. Von ihm ist nicht viel mehr bekannt, als daß er mehrere, längst in Vergessenheit geratene theologische Texte verfaßte. Um das Material für die *Civitates* zusammentragen zu können, versandte Georg Braun Bittbriefe an die Würdenträger der Städte, Künstler und Kaufleute und die bedeutendsten Kartographen und Graveure seiner Zeit. Er wandte sich sogar im Vorwort zu Band II an seine Leser mit der Aufforderung, ihm Gemälde oder Zeichnungen ihrer Städte zuzuschicken, wenn sie diese in dem Werk vermißten. Auch scheute er sich nicht, um aktuellere Beschreibungen bereits in früheren Bänden abgebildeter Städte zu bitten. Man nimmt an, daß Braun die meisten Beschreibungen auf der Rückseite der Tafeln in den sechs Bänden verfaßt, zumindest aber überarbeitet hat.

Unter den Graveuren Brauns ragte vor allen Frans Hogenberg (1535- 1590) aus Mechelen in Belgien heraus. Nach seinem Tod um 1590 wurden viele der Platten für die *Civitates* von Abraham Hogenberg angefertigt, von dem man vermutet, daß er der Sohn Frans' war. Von den bedeutenden Graveuren, die für Braun an diesem Projekt arbeiteten, trug Simon van den Neuvel mit seinen Arbeiten vor allem zum dritten Band des Gesamtwerkes bei.

Durch seine Freundschaft mit Ortelius traf Georg Braun auf den Antwerpener Künstler Joris (Georg) Hoefnagel (1542-1600). Dieser spielte eine herausragende, wenn auch bislang unterschätzte Rolle in der künstlerischen Gestaltung des Werkes. Als Nachkomme einer begüterten Familie unternahm Hoefnagel ausgedehnte Reisen durch ganz Europa, vor allem England, Frankreich und Spanien, wo er einige Zeit in Andalusien verbrachte. Hoefnagel lebte bis 1576 in Antwerpen und ließ sich dann in Köln nieder. Er arbeitete aber auch in Österreich, Böhmen, Bayern und Tirol. In der Gesellschaft des Kartographen Ortelius bereiste Hoefnagel Italien und trug Material für Brauns Veröffentlichung zusammen. Hoefnagels Talent erhielt Nahrung aus seiner ungebändigten Wissensgier. Seine detaillierten Beobachtungen enthüllten verborgene Strukturen und füllten die Stadtansichten mit Menschen und Leben. Er war ein Meister in der Darstellung von Landschaften und regionalen Sitten und Gebräuchen. Nach seinem Tode im Jahre 1600 führte sein Sohn Jakob seine Arbeit an den Druckplatten für die *Civitates* fort.

Ein weiterer bedeutender Mitarbeiter an dem Werk war der Däne Heinrich von Rantzau (1526-1599), besser bekannt unter Rantzovius, seinem latinisierten Namen. Voller Begeisterung soll er mit Plänen, Beschreibungen und Ansichten nordeuropäischer – vor allem dänischer – Städte zum Gesamtwerk beigetragen haben. Es wird angenommen, daß von Rantzau auch die Beschreibungen der dänischen Städte in den *Civitates* verfaßt hat.

Eine weitere Quelle der Information waren die alten Holzschnitte aus Sebastian Münsters *Cosmographica* (um 1550). Außerdem gilt als bewiesen, daß Hogenberg sich Jacob Roelofs' unveröffentlichter Vermessungen holländischer Städte (ca. 1505-1575) bediente – ob direkt oder indirekt ist ungewiß. Roelofs ist besser bekannt als Jakob van Deventer, benannt nach seiner holländischen Heimatstadt.

Viele andere Beiträge in den sechs Bänden stammten von völlig unbekannten Künstlern oder stützten sich auf existierende Holzschnitte oder Stiche von über hundert Künstlern und Graveuren.

Die Gesamtausgabe der *Civitates*, die der Auswahl von Tafeln für das vorliegende Buch zugrunde lag, enthält womöglich eine der besterhaltenen Sammlungen, die die Zeiten überdauerten. Selbst nach vierhundert Jahren leuchten die Farben in frischer Pracht. Auffällig ist zudem, daß die Farbtöne eine bemerkenswerte Einheitlichkeit auf sämtlichen Tafeln aufweisen, und zwar von denen, die aus Band I ausgewählt wurden, bis zu denen aus Band VI. Wie wir wissen, wurde das Gesamtwerk über eine Zeitspanne von fünfundvierzig Jahren veröffentlicht, und wir fragen uns zu Recht, wie eine derartige Angleichung der Farben zustande kam. Die einzig mögliche Antwort scheint zu sein, daß das gesamte Werk erst nach Erscheinen des letzten Bandes koloriert wurde. Das ist weder ungewöhnlich, noch beeinträchtigt es die Besonderheit des Werkes in irgendeiner Weise, vor allem wenn man bedenkt, daß zum Beispiel Band I in der lateinischen Fassung erst um 1620 gedruckt wurde.

Es ist leicht einzusehen, wenn man den Zeitraum bedenkt, über den sich die Veröffentlichung der sechs Bände erstreckte, daß solche Abbildungen aus früheren Bänden, die erst 1617 zusammengefaßt, gebunden und verkauft wurden, wegen der Abnutzung der Platten nicht ganz so „gestochen" scharf wirken. Doch derartige Mängel – will man sie als solche bezeichnen – wurden durch das meisterliche Können der Koloristen des frühen siebzehnten Jahrhunderts verdeckt. Tatsächlich sind einige der am schönsten kolorierten Ausgaben, die in den letzten Jahren zum Verkauf kamen, fast immer komplette Sammlungen aller sechs Bände aus der Zeit des frühen siebzehnten Jahrhunderts in ihrer einheitlichen Bindung gewesen.

Der große Erfolg und die Popularität des Werkes in seiner Gesamtheit oder als Einzelbände löste eine wahre Modewelle von Stadtatlanten aus, die bis weit ins achtzehnte Jahrhundert hinein anhielt.

Von allen Mitarbeitern an den *Civitates* war Georg Braun der einzige, der noch zu Lebzeiten die Fertigstellung des Gesamtwerkes nach dem Druck des sechsten Bandes 1617 miterlebte. Nach Brauns Tod 1622 lagen die Druckplatten dieses großartigen Werkes ungenutzt herum, bis sie von dem Amsterdamer Kartographen und Verleger Joannes Jansson 1653 gekauft wurden. Jansson stellte Nachdrucke von ca. 230 Platten her, größtenteils unverändert oder nur mit geringfügigen Abänderungen.

Einige Jahre später, zwischen 1670 und 1680, gelangten viele der ursprünglichen Platten Brauns und Hogenbergs in die Hände eines anderen Amsterdamer Verlegers, Frederick de Wit, der ebenfalls eine Serie von Stadtansichten veröffentlichte. Danach kaufte Pieter van der Aa, ein Leidener Verleger und Händler in Drucken, die Platten auf und brachte um 1720 eine 66teilige Folioausgabe heraus. Aus dieser Sammlung stammen viele der inzwischen sehr abgenutzten Drucke der Platten Brauns und Hogenbergs.

Anschließend gelangten einige der Platten in den Besitz eines dritten Amsterdamer Verlegers, Pieter Mortier, der sie in Zusammenarbeit mit Johannes Covens um 1750 in einer Loseblattsammlung von Zeichnungen, Plänen und Ansichten veröffentlichte. Das spätere Schicksal der Platten bleibt im dunkeln, doch Mitte des neunzehnten Jahrhunderts schienen sie sich noch immer im Besitz von Covens & Mortier befunden zu haben. Über ihren endgültigen Verbleib ist nichts bekannt.

TAFEL 1

AACHEN

Aquisgranum, vulgo Aich, ad Menapiorum fines . . . M.D.LXXVI (1576).
Band I, Nummer 12 (320 x 325 mm). Nach einem Plan von Hendrik Steenwijk.

Aachen (frz. Aix-la-Chapelle) war immer schon Grenzstadt gewesen. Die Römer nannten es Aquisgranum nach dem Gott Apollo Granus, dem hier an sechs schwefelhaltigen Thermalquellen gehuldigt wurde. Karl der Große errichtete dann zwischen 777 und 786 seine großartige Kaiserpfalz, die Aula Regia, und erhob damit Aachen zur zweitwichtigsten Stadt seines Reiches.
Für eine kurze Zeitspanne war Aachen Zentrum westlicher Gelehrtheit und Kultur. Von der Krönung Ludwigs des Frommen 813 bis zu der Ferdinands I. 1531 war Aachen Schauplatz der Thronbesteigungen von nicht weniger als zweiunddreißig Kaisern und Königen. Trotz der Beutezüge der Wikinger im 9. Jahrhundert dauerte es bis ins 12. Jahrhundert, bis um Aachen eine Ringmauer gezogen wurde, die Friedrich I. dann zwischen 1172 und 1176 bauen ließ. Der äußere Wall – auf der Tafel deutlich zu erkennen – wurde um 1300 fertiggestellt, der ältere Mauerring – die sogenannte Barba-

rossamauer – schloß die Altstadt ein. Im 14. Jahrhundert spielte Aachen als freie Reichsstadt eine bedeutende Rolle als Garant des Friedens in der Region zwischen Rhein und Maas.

Die Bürgerschaft war jedoch durch die Gegenwart des Vogts als dem Vertreter des Herrscherhauses in ihren Rechten eingeschränkt. 1470 führte ein Aufstand zur Beteiligung der Stände an der Regierung. Im 16. Jahrhundert begann Aachen an Bedeutung und Reichtum zu verlieren, zu nahe lag es an der Grenze zu Frankreich, zu weit vom Zentrum der Macht in Deutschland entfernt, um sicher und einflußreich genug zu sein. Die Krönung Maximilians II. fand daher 1562 in Frankfurt am Main (s. dort) statt und leitete einen Brauch ein, der bis zum Zusammenbruch des Heiligen Römischen Reiches beibehalten wurde.

Der Stich, der um 1570 entstand, zeigt eine Stadt, die vor dem Niedergang steht. Aachen zählte zu dieser Zeit an die dreiunddreißig Kirchen, einschließlich St. Follian aus dem 12. Jahrhundert und St. Paul mit ihren eindrucksvollen Glasfenstern. Die Kaiserpfalz bestimmte den karolingischen Kern der Altstadt (Bildmitte). Der Blick des Betrachters ist nach Süden gerichtet.

TAFEL 2

AMSTERDAM

Amstelredanum, nobile Inferioris Germaniae oppidum. 1572.
Band I, Nummer 20 (340 x 485 mm). Nach einem Holzschnitt von Cornelis Antoniszoon (1544).
Der Plan zeigt Amsterdam, wie es sich um die Mitte des 16. Jahrhundert darstellte, mit der auf der Welt wohl einzigartigen holländischen Städteform: Ein Fluß, hier die Amstel, wird an seiner Mündung aufgestaut und durch Kanäle reguliert, bevor er ins Meer abfließt. Flußabwärts entstand so ein äußerer Hafen, heute die Straße Damrak, und ein innerer Hafen am Oberlauf, heute der Rokin. Die Deiche der Kanäle dienten als Zufahrtswege für den Verkehr über Land von und zu den Warenspeichern, die auf den Dämmen errichtet waren. Dam wurde auch der Platz in der Mitte des Plans genannt mit seinen öffentlichen Gebäuden wie dem alten Stadhuis und der nahe gelegenen Kirche.
Auf Anthoniszoons Abbildung ist Amsterdam noch zum größten Teil von der mittelalterlichen Stadtmauer umgeben, die nach dem ursprünglichen Dammbau im Jahre 1240, der den Damrak und den Rokin als Häfen schuf, errichtet wurde. Im 13. Jahrhundert lediglich ein kleiner Fischereihafen, lag Amsterdam nach Bedeutung und Einfluß weit hinter Städten wie Delft, Leiden (s. dort) oder Haarlem. 1300 erhielt es das Stadtrecht, erweitert wurde es in den Jahren 1367, 1380 und 1450, eine Stadtbefesti-

gung wurde erst 1482 begonnen. So sehen wir auf diesem Stich jene Mauer, die Amsterdam noch völlig umgibt, bevor die große Stadterweiterung des sogenannten Driegrachtenplans von 1607 in die Tat umgesetzt wurde. Teile der alten Stadtmauer sind noch heute erhalten – das Schreierstoren, der Waag am Nieuwmarkt, der frühere Sint-Anthonipoort und der Munt. Man kann beim äußeren Hafen, dem Damrak, den Kai Opt Water sehen, an dem sich in späteren Jahren während der Vorherrschaft Amsterdams als Handelsstadt und Zentrum eines weltweiten Handelsimperiums viele Kartographen und Kartenhändler niederließen.

Als diese Ansicht 1572 zum erstenmal in den *Civitates* veröffentlicht wurde, erlebte Amsterdam gerade einen Aufschwung des Warenumschlags in seinen Häfen nach der Zerstörung Antwerpens 1576 (s. dort) durch die Soldaten Philipps II. von Spanien. Um 1600 hatte Amsterdam die frühere Rivalin im Süden an Rang eingeholt, seine Handelsverbindungen reichten vom Baltikum bis nach Südeuropa und weiter. Damals legte Amsterdam den Grundstein zu einem riesigen Handelsimperium, das den anderen Seemächten Europas in West- und Ostindien die Stirn bot. Auf dem vorliegenden Stich vermittelt der dichte Schiffsverkehr im Hafen einen Eindruck von dem geschäftigen Treiben, das zu jener Zeit in dem ehemaligen Fischerdorf an der Mündung eines kleinen Flusses herrschte.

TAFEL 3

ANTWERPEN (ANVERS)

Antverpia 1598

Band V, Nummer 27 (450 x 708 mm). Nach Joris Hoefnagel (ca. 1560).

Erst in der zweiten Hälfte des 15. Jahrhunderts, als der Brügge durchfließende Kanal Zwin versandete und damit den Niedergang dieser Stadt einleitete, stieg Antwerpen zu wirtschaftlicher Größe auf. Ende des Jahrhunderts hatten sich die Gilden der Exporthändler und ihre Kaufleute aus Brügge in Antwerpen angesiedelt. Ein Haus für englische Kaufleute wurde 1510 erwähnt, man beachte das Engelse beurs an der Korten, den Langengoddaert und das Engelse Kaey am nördlichen Ende des Schelde-Ufers. Zu jener Zeit waren Kaufleute aus Spanien, Dänemark, Italien, England, Portugal, Deutschland und den Hansestädten hier ansässig, insgesamt ungefähr 1000 Fremde wohnten in der Stadt. Im August 1520 beschreibt der große deutsche Maler Albrecht Dürer eine Prozession durch Antwerpen, von der Onze Lieve Vrouwekerk aus: „Am Sonntag nach Mariä Empfängnis sah ich die große Prozession von der Kirche Unserer Lieben Frau zu Antwerpen, bei der die ganze Stadt und alles, was Rang und Namen hat, versammelt war und jeder sein schönstes Gewand gemäß seinem Rang trug . . . Da waren die Goldschmiede, Maler, Bauleute, Spitzenklöppler, Bildhauer, Schreiner, Seeleute, Fischer, Metzger, Gerber, Schneider und Schuhmacher – Künstler und Handwerker jeder Richtung und viele Handwerker und Kaufleute, die mit ihrer Hände Arbeit ihr Brot verdienen. Ebenso waren die Ladenbesitzer und Händler mit ihren Gehilfen vertreten . . . und alle kirchlichen Orden

und die Mitglieder manch frommer Stiftungen in Andacht versammelt und in ihren verschiedenen Gewändern gekleidet . . ."
Antwerpen war auf seinem wirtschaftlichen Höhepunkt, als Hoefnagel 1560 diese großartige Ansicht seiner Geburtsstadt schuf. Der Blick enthüllt eine typische Verteidigungsanlage dieser Zeit. Die Stadt war umgeben von einem Ring von Wällen und Gräben, die Karl V. 1545 errichten ließ und durch Philipp II. 1567 verstärkt wurden. Die Zitadelle, die sternförmige Anlage auf der Südseite der Stadt, wurde – so die Legende der Abbildung – auf Befehl des Herzogs von Alba 1567 nach den Entwürfen von Luca Paciotto gebaut. Diese Bastion war Teil eines Verteidigungssystems, das hier zum erstenmal verwirklicht wurde und das auch nach dem Fall der Stadtmauern einer feindlichen Belagerung standhalten konnte. Zu beachten ist die freie Fläche zwischen der Zitadelle und den Häusern der Stadt, die gewährleistete, daß sich kein Feind unbeobachtet der Zitadelle nähern konnte.
Auch Antwerpen wurde in die Religionskriege verwikkelt, die die Niederlande in der zweiten Hälfte des 16. Jahrhunderts verwüsteten. 1576 plünderten spanische Soldaten die Stadt, wobei an die 6000 Einwohner ihr Leben ließen und achthundert Häuser zerstört wurden – von diesem Schlag erholte sich Antwerpen nie mehr.
Ein weiteres Unheil ereilte die Stadt 1585, als sie nach langer Belagerung vom Herzog von Alba eingenommen wurde. Er vertrieb sämtliche Protestanten, darunter Kaufleute und Handwerker. Im Westfälischen Frieden von 1648, der die Souveränität der Vereinigten Provinzen garantierte, wurde festgelegt, daß die Schelde für die Schiffahrt geschlossen wurde. Dabei blieb es bis zum Jahre 1863.

TAFEL 4

AUGSBURG

Augusta iuxta figuram quam his a temporibus delineata. 1563.

Band I, Nummer 39 (330 x 475mm). Wahrscheinlich nach Hans Rogel.

Augsburg, von den Römern Augusta Vindelicorum genannt, erhielt seinen Namen von Kaiser Augustus, der nach der Eroberung Rätiens durch Drusus hier eine Stadtkolonie ungefähr 14 v. Chr. gründete. Im 5. Jahrhundert wurde es von den eindringenden Hunnen geplündert und geriet später unter fränkische Oberhoheit. Es wird fast mit Sicherheit angenommen, daß Augsburg während der Kämpfe Karls des Großen gegen Tassilo III. von Bayern bis auf die Grundmauern zerstört wurde, bevor es unter schwäbische Herrschaft kam. Durch seinen regen Handel stieg Augsburg rasch zu Ruhm und Reichtum auf und wurde wie Nürnberg (s. dort) ein Handelszentrum zwischen Nordeuropa und den Ländern südlich der Alpen. Seine mächtigen Handelsfürsten, die Fugger und Welser, konkurrierten lange mit den Medici aus Florenz (s. dort), versäumten es jedoch, sich der wirtschaftlichen Neuorientierung in Europa anzupassen, die die Entdeckung der Neuen Welt im 15. und 16. Jahr-

hundert nach sich zog. 1276 wurde Augsburg zur Freien Reichsstadt erhoben, ein Privileg, das es bis zur Eingliederung ins Königreich Bayern 1806 behielt. Der Plan zeigt die von einem Wallgraben umgebene Ober- und Unterstadt. Die Hauptachse (Maximilianstraße) wird durch den Prozessionsweg bestimmt, der vom Dom aus dem 10. Jahrhundert auf der Ostseite zur Begräbniskirche des ersten Bischofs, Ulrich, und der Märtyrerin Afra auf der Westseite führt. Entlang dieses Prozessionswegs wurden eine Reihe von Märkten eröffnet, von denen der älteste bis ins 10. Jahrhundert zurückging. Ebenfalls an der Maximilianstraße errichteten Ende des 15. bis Anfang des 16. Jahrhunderts die führenden Familien der Stadt ihre Häuser und Paläste. Diese Familien von Bankiers und Kaufherren zählten zu den vermögendsten der damaligen Welt, mit Jakob Fugger (1459-1525) an erster Stelle. Sein Reichtum stammte aus dem Handel, dem Bankgeschäft, Bergwerken und vielerlei Manufakturen. Fugger gilt als Begründer der ältesten Einrichtung des sozialen Wohnungsbaus – der berühmten Fuggerei, die 1519 errichtet wurde und verarmten alten Bürgern Zuflucht gewährte.

TAFEL 5

AVIGNON

Avignon. 1575.
Band II, Nummer 13 (310 x 475mm). Wahrscheinlich nach Sebastian Münster (1575).
Avignon, das *Avenio* des gallischen Volkes der Cavaren, wurde zu Zeiten des römischen Kaiserreichs zu einer der wichtigsten Städte der Provinz Gallia Narbonensis. Während der häufigen Streifzüge der Barbaren und Sarazenen das Rhonetal hinauf, wurde Avignon von Burgund annektiert, danach von Arles und später Lehen der Grafen von Provence, Toulouse und Forcalquier. Ende des 12. Jahrhunderts war Avignon für kurze Zeit Republik, die jedoch von Ludwig VIII. 1226 aufgelöst wurde aus Rache für die Unterstützung der albigensischen Häretiker. 1309 wählte Papst Clemens V. die Stadt zur Residenz, und sie blieb Papstsitz bis 1377. 1348 verkaufte Johanna, Gräfin von Provence, die Stadt an Clemens VI. Nach der Rückkehr Gregors XI. nach Rom residierten hier die Gegenpäpste Clemens VII. und Benedict XIII. während des großen abendländischen Schismas. Der letztere wurde 1403 davongejagt. Bis zur Annektierung durch die französiche

Nationalversammlung 1791 verblieb Avignon im Besitz des Vatikans.
Auf dem Bild erhebt sich das riesige, festungsähnliche Palais des Pâpes, dessen Bau Papst Johannes XXII. 1316 begann und 1370 beendete, fast drohend über der Stadt, daneben wirkt selbst die Kathedrale Notre-Dame des Doms in der oberen Bildmitte winzig. Noch intakt ist hier die berühmte Brücke von Avignon des gleichlautenden Liedes, Pont Saint-Bénézet, aus dem 12. Jahrhundert, von der heute jedoch nur noch einige der ursprünglich achtzehn Pfeiler erhalten sind. Auf der Ostseite kann man die kleine romanische Kapelle von St. Bénézet erkennen. Avignon ist dargestellt umgeben von seinen Schutzwällen mit Wassergraben und Mauerkronen, die 1356 gebaut wurden und ein Gebiet von ca. 180 Hektar einschlossen. Mit ihrer zinnenbewehrten Mauerkrone mit neununddreißig Türmen und sieben Stadttoren, von denen einige bis ins 14. Jahrhundert zurückgehen, gilt es als eines der schönsten Beispiele einer Befestigungsanlage ihrer Art. Die Numerierung der sieben Stadtviertel wurde später eingraviert, ebenso der sieben Kollegs, sieben Hospize und sieben Paläste.

TAFEL 6

BARCELONA und EÇIJA

Barcelona. Barcino, que vulgo Barcelona dicitur [mit] Estia . . . 1567; 1572.
Band I, Nummer 5 (440 x 465 mm). Nach Joris Hoefnagel (1567).

Barcelona wurde ursprünglich von dem Karthager Hamilcar Barca im 3. Jahrhundert v. Chr. gegründet. Später errichteten die Römer dort eine Stadtkolonie, die im 2. Jahrhundert v. Chr. zum wichtigsten Handelshafen im westlichen Mittelmeer aufstieg. 343 wurde es Bischofssitz, und im 5. Jahrhundert Hauptstadt des Reiches der Westgoten. Mit der Vereinigung der Königreiche Aragon und Katalonien 1149 kam Barcelona zu Reichtum und Ruhm. Seine Handelsschiffe erreichten sowohl die Nord- und Ostsee wie auch das östliche Mittelmeer im Wettstreit mit den Handelsflotten aus Genua (s. dort), Venedig (s. dort) und Ragusa.

Der König von Aragon ermächtigte Barcelona 1528 zur Verabschiedung des *Consulado del Mar*, ein Seerechts-Codex, der von allen seefahrenden Staaten Europas als verbindlich übernommen wurde. Die Stadt wurde im Ausland durch Konsuln vertreten und war unter den ersten, die eine Art Schiffsversicherung einführten. Doch mit der Vereinigung Kastiliens und Aragons 147 verlagerte sich die Vorherrschaft des Seehandels nach den Hafenstädten im Südwesten Spaniens, und die Kaufleute, die mit Amerika Handel trieben, wanderten aus Barcelona ab. Die Bürger schrieben den Niedergang ihrer Stadt dem Vorurteil der kastilischen Re-

gierung zu; viele suchten sogar einen Anschluß an Frankreich.
Die Kathedrale, die die Bildmitte beherrscht, wurde auf dem Monte Taber zwischen 1298 und 1448 erbaut, die Universität 1430 gegründet und 1450 durch eine päpstliche Bulle bestätigt. Ein Hospital, 1401 gegründet, und bedeutende Handelsgebäude, wie zum Beispiel die Casa Consistorial (1369–1378) und die Börse (Lonja 1383), stammen alle aus der wohlhabenden Zeit vor der Vereinigung der beiden Königshäuser. Das Arsenal (Atarzanas), das an der Hafenmole zu sehen ist, stammt aus dem Jahre 1243. Hier stand auch der Palast der Könige von Aragon.
Don Alfonso V. gewährte 1438 den Bau einer Mole, der Moll de Santa Creu; erst im 17. Jahrhundert wurde der Hafen weiter ausgebaut.

Eçija, südlich von Sevilla (s. dort) gelegen, ist auf der unteren Hälfte der Tafel abgebildet. Schon im frühen Mittelalter waren die Schuhmacher der Stadt in ganz Spanien berühmt. Aber auch die Tuchindustrie blühte hier; es wurden Woll- und Flanelltücher hergestellt – darauf deuten auch die Schafpferche im Vordergrund hin – sowie Leinen und Seide verarbeitet. In den fruchtbaren Ebenen wuchsen Getreide, Wein und Baumwolle.
Eçija, von den Mauren Estija genannt, hieß im Altertum Astigis, die römische Kolonie Augusta Firma, die nach Ptolemäus und Pomponius Mela im 1. Jahrhundert mit Córdoba und Sevilla rivalisierte. Eçija ist in Andalusien auch als El Sartén (= die Bratpfanne) bekannt wegen der hohen Temperaturen.

TAFEL 7

BASEL

Basilea. 1575.
Band II, Nummer 40 (355 x 368 mm). Nach Sebastian Münster (ca. 1538).
Basel wurde 374 vom römischen Kaiser Valentinianus gegründet. Im 5. Jh. wurde es Bischofssitz, und von dieser Zeit an ist die Entwicklung der Stadt eng mit den kirchlichen und weltlichen Einflüssen der Bischöfe verknüpft, bis die Bürger diese im 14. Jahrhundert aus dem Amt vertrieben. Ein Erdbeben zerstörte 1356 die Stadt fast völlig. 1501 wurde sie gegen manchen Widerstand in die Schweizer Eidgenossenschaft aufgenommen und später eines der Hauptzentren der Reformation in der Schweiz. 1525 zwangen die Bürger den Bischof zur Übersiedlung nach Porrentuy.
Dank ihrer strategisch günstigen Lage am Rheinknie im Dreiländereck von Schweiz, Deutschland und Frankreich, erfreute sich die Stadt eines

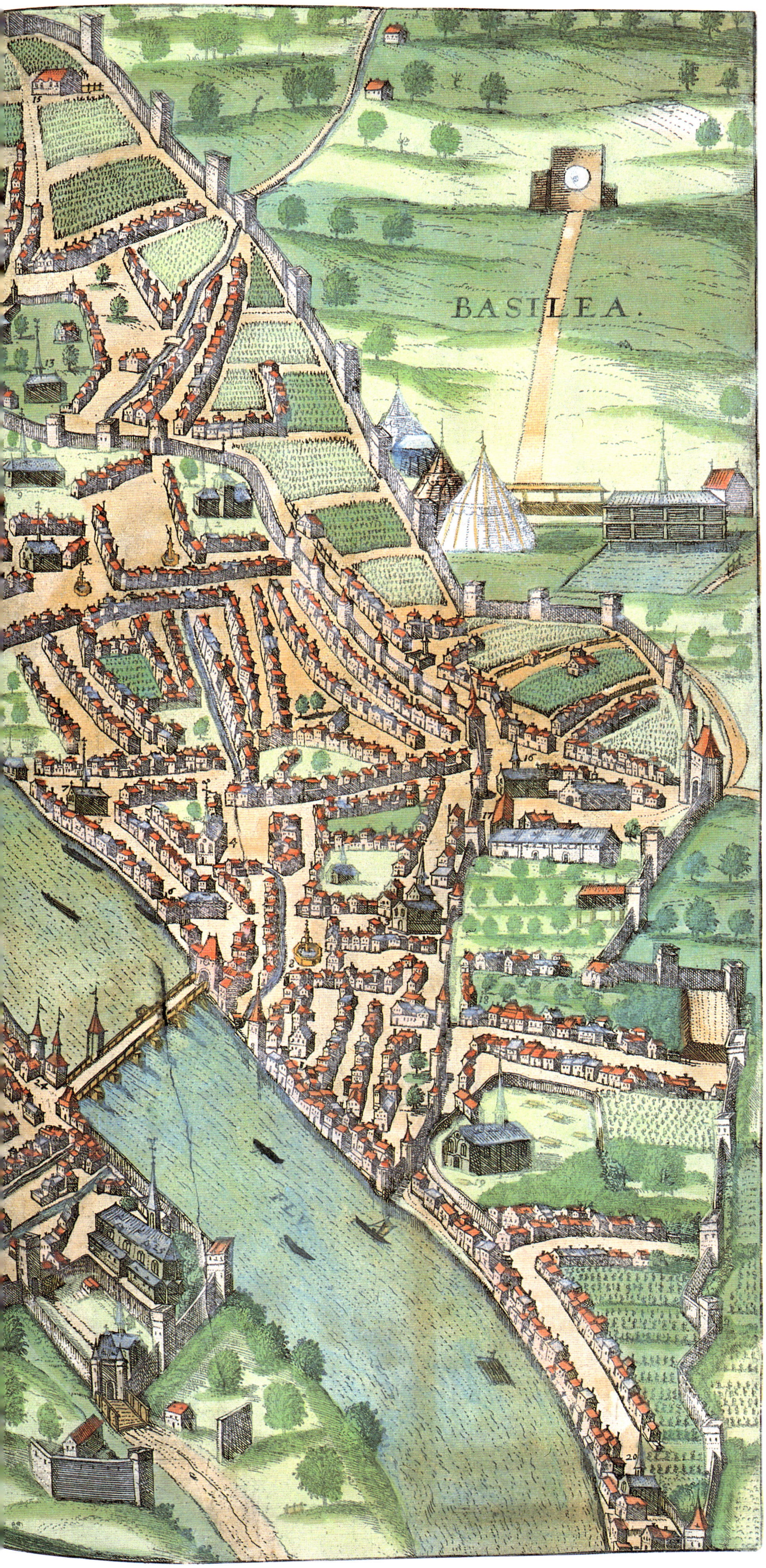

regen Handels; der Schiffsverkehr auf dem Rhein zeugt davon. Das hervorstechendste Gebäude ist das Münster, das 1019 geweiht, jedoch nach dem Erdbeben von 1356 neu aufgebaut wurde. Die öffentlichen Sitzungen der ökumenischen Konzile von 1431 bis 1449 wurden dort abgehalten. Papst Pius II. gründete 1460 die Universität, die älteste der Schweiz.
Der große Humanist Erasmus von Rotterdam lebte von 1521 bis 1529 in Basel, nach seinem Tode 1536 wurde er dort begraben. Auch der Maler Hans Holbein d. J. lebte hier zwischen 1528 und 1531. Aus dem Jahre 1575 stammt eine Beschreibung Basels als „. . . königliche Stadt, so breit und glatt sind ihre Straßen, so geordnet die Reihen ihrer Häuser. Nur am Rheinufer liegen manch liederliche Tavernen und üble Gasthäuser. In Basel ist die Luft gesund und angenehm, und es finden sich hier auch viel ansehnliche Kirchen . . .“

TAFEL 8

BERGEN

Bergen. 1588.
Band IV, Nummer 37 (326 x 475 mm). Nach Hieronymus Schol.

Bergen wurde am Våg durch Olav Kyrre 1070 gegründet und stieg im 13. Jahrhundert zur Hauptstadt Norwegens auf. Die Stadt entwickelte sich zu einem bedeutenden Handelshafen und wurde einer der Hauptstützpunkte der Hanse, von deren Einfluß die abgebildeten Gebäude zeugen.
Schols Ansicht zeigt die Stadt mit ihren Holzbauten, wie sie sich Ende des 16. Jahrhunderts darstellte. Die Legende

in der oberen linken Ecke des Stichs zählt die wichtigsten Merkmale und Gebäude auf. Buchstabe A bezeichnet das Schloß mit der Håkonshall aus dem 13. Jahrhundert; D das nahe gelegene Haus der deutschen Kaufleute; E weist auf die Rhotstube der deutschen Kaufleute hin, und so weiter. Viele dieser Gebäude wurden vom Brand 1702 zerstört. Bemerkenswert sind Bergens Befestigungen wie die Holzpalisaden und das Bergenhus, das Fort an der Mündung des Våg. An der belebten Hafenmole mit ihren Holzkränen werden Schiffe be- und entladen, und am Ufer beim Haus der Kaufleute erkennt man eine kleine Schiffswerft.

TAFEL 9

BOLOGNA

Bononia alma studior mater. 1588.

Band IV, Nummer 49 (326 x 492mm). Nach Claudio Duchetti (1582).

Der Plan zeigt einen fast quadratischen Grundriß der inneren Stadt aus der Römerzeit (189 v. Chr.), der sich nach den Himmelsrichtungen ausrichtet. Die Straßen verlaufen rechtwinklig zueinander, um sie liegt der Kreis der Straßen der äußeren Stadt mit der Stadtmauer, die 1206 errichtet wurde. Deutlich ist die strahlenförmige Anordnung der Verbindungsstraßen vom alten Stadtkern aus zu den Toren der Stadt. Im Stadtkern befinden sich auch die ältesten Kirchen, wie San Stefano, San Giovanni in Monte und SS. Vitale e Agricola. Die größte unter diesen Kirchen (dargestellt mit einem abgeschrägten Dach) ist San Petronio, die dem Schutzheiligen Bolognas geweiht ist und mit deren Bau 1530 begonnen wurde. Nicht weit davon befinden sich der Palazzo Communale und der Palazzo del Podestà, beide 1245 erbaut. Bemerkenswert ist auch San Francesco, die erste gotische Kirche Italiens, die von Marco da Brescia erbaut wurde (1235–1263).
Bolognas Universität wurde im 11. Jahrhundert gegründet; ein Teil davon ist in dem Gebäude mit dem roten Dach und den Innenhöfen links über der Kirche San Petronio zu erkennen. Sie wurde von Carlo Borromeo 1562 bis 1563 erbaut und trägt den Namen Palazzo dell' Archiginnasio. Die Universität erlangte europaweit Ruhm wegen des Lehrstuhls der Jurisprudenz unter Pepo (1076), dem

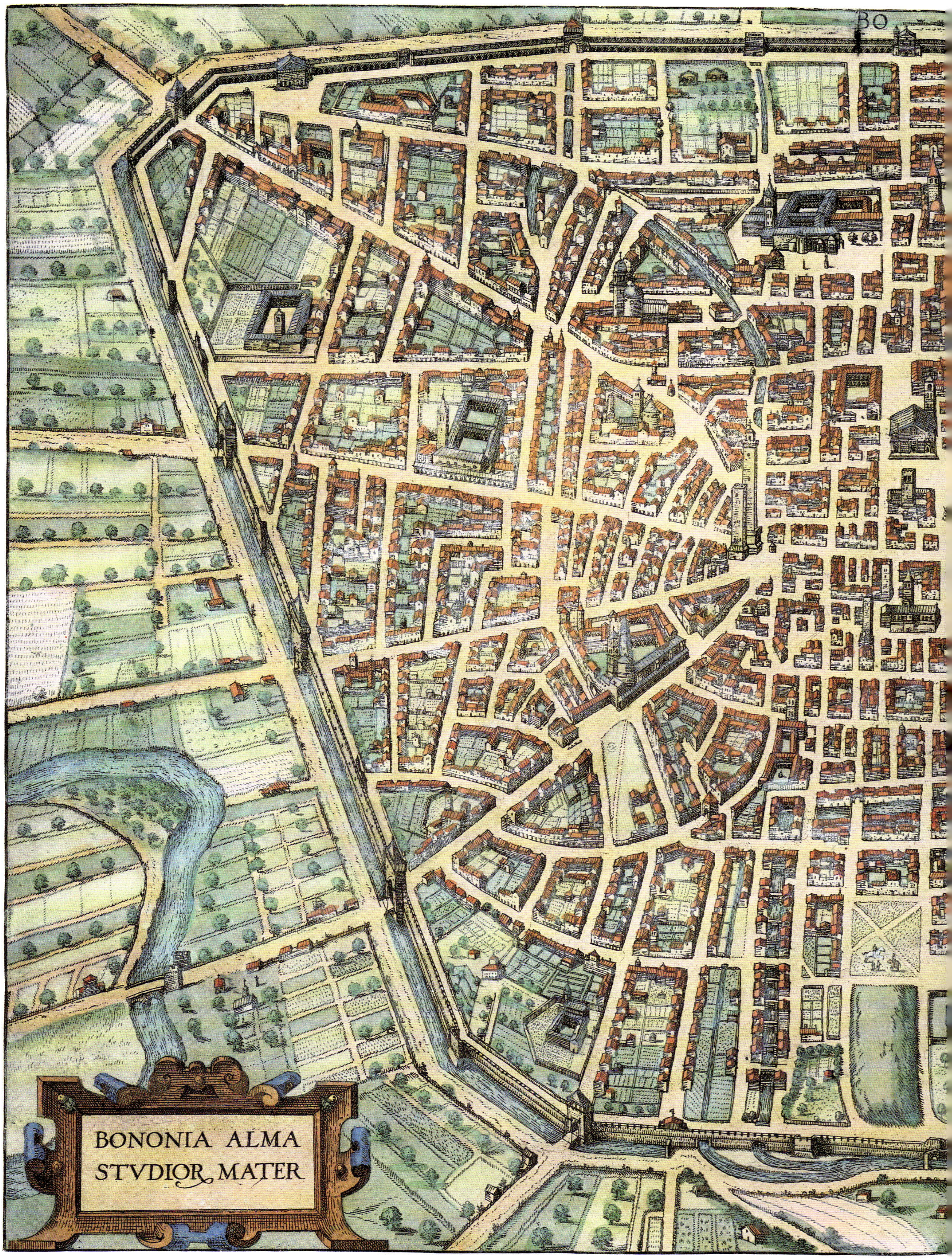

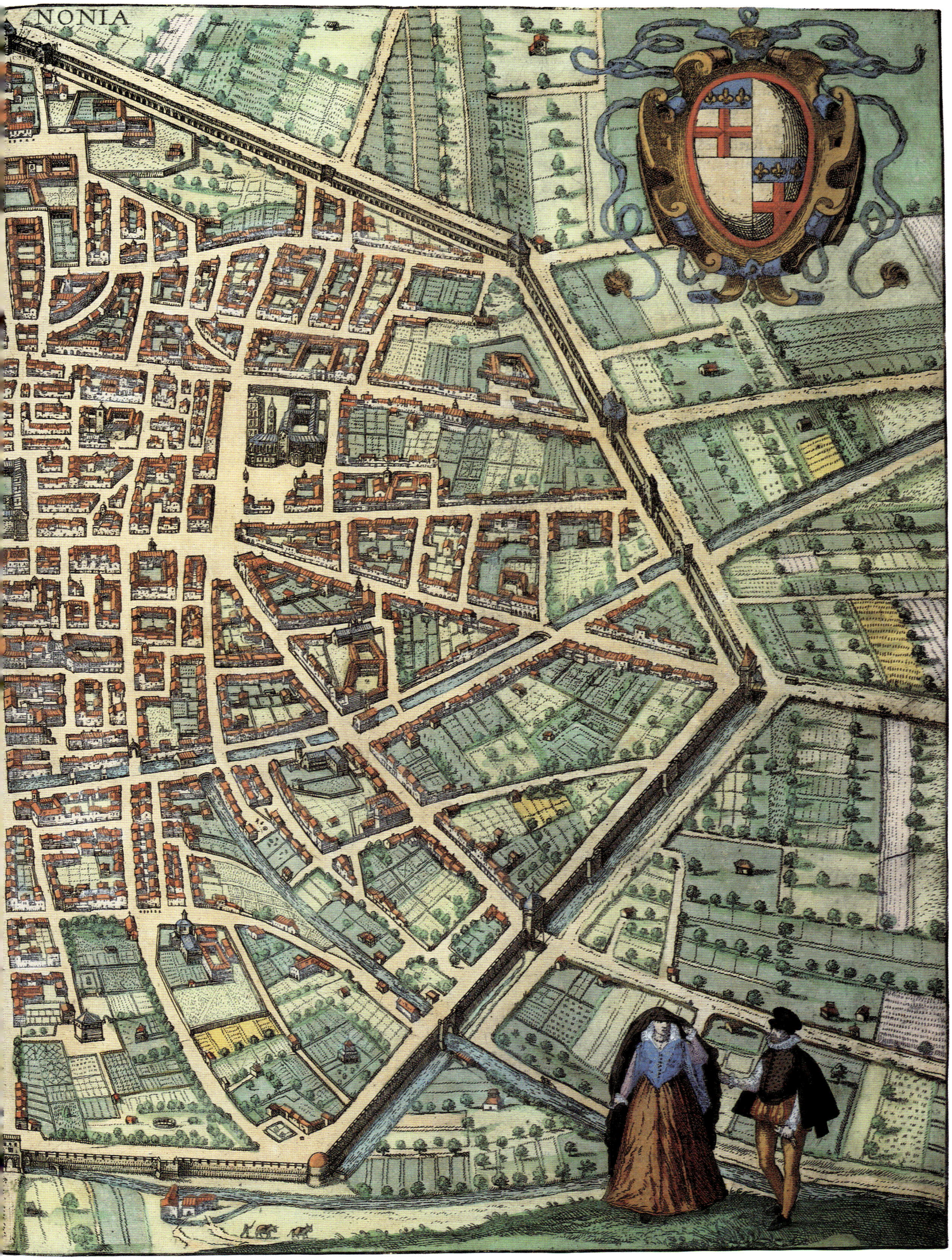

ersten bekannten Lehrer römischen Rechts. Durchschnittlich 3000 bis 5000 Studenten waren hier zwischen dem 12. und 15. Jahrhundert immatrikuliert und fast 10000 wurden 1262 angeblich gezählt, unter ihnen Dante und Petrarca.
Claudio Duchettis ursprünglicher Stich von 1562 zeigte die zwei schiefen Türme, die wie der Schiefe Turm für Pisa ein Wahrzeichen Bolognas waren. Diese zwei Türme, der Torre Asinelli und der Torre Garisenda (1109 und 1110) sind Überreste der alten Stadtmauer und bildeten die Porte Ravegnana (Ravenna-Tor). Es handelt sich um rechteckige Backsteinbauten, der erste ist 95,53 Meter hoch mit einem Überhang von 1,22 Metern, der zweite (unvollständig) 49,68 Meter hoch und 3,05 Meter aus dem Lot. Die Frühgeschichte Bolognas ist kaum bekannt; es wurde 902 von den Magyaren geplündert. Die erste Verfassung der Bürgerschaft stammt wahrscheinlich aus dem Jahre 1123. Vom 12. bis 14. Jahrhundert war Bologna Stadtstaat und lag oft im Krieg als Verbündete der Welfen oder des Papstes gegen das ghibellinische oder kaiserliche Lager sowie gegen benachbarte Stadtstaaten der Romagna und Emilia. Der Kaisersohn Enzio wurde hier 1249 lebenslänglich eingekerkert. Während des 14. Jahrhunderts erschütterten innere Unruhen die Stadt; sie wurde an Giovanni, Graf von Mailand, verkauft und anschließend von den Bentivoglios von 1438 bis 1506 beherrscht, bis Papst Julius II. diese vertrieb und Bologna in vatikanischen Besitz zurückführte, wo es bis zur napoleonischen Zeit verblieb.

TAFEL 10

BREMEN

Brema. Brema urbs Hanseatici foederis ad Visurgum flu. Vor 1598.

Band V, Nummer 41 (365 x 480 mm). Wahrscheinlich nach Heinrich von Rantzau.

Martin Luther nahm an, daß Bremen, das auf dem rechten Weserufer gegründet wurde, seinen Namen dem althochdeutschen Wort bräm verdankt, das „Flußufer“ bedeutet. 787 wählte Bischof St. Willehad Bremen zu seinem Bischofssitz, und 848, nach der Zerstörung Hamburgs (s. dort) durch die Wikinger, wurde das Bistum Hamburg dem Bistum Bremen eingegliedert. Otto I. verlieh 965 Bremen das Marktrecht unter der Obhut Erzbischofs Adaldag. Bremen trat 1283 der Hanse bei, wurde aber 1285 wegen Unruhen in der Stadt ausgeschlossen und bis 1358 nicht wieder zugelassen. Wieder waren es Unruhen in der Bevölkerung, die zu einem er-

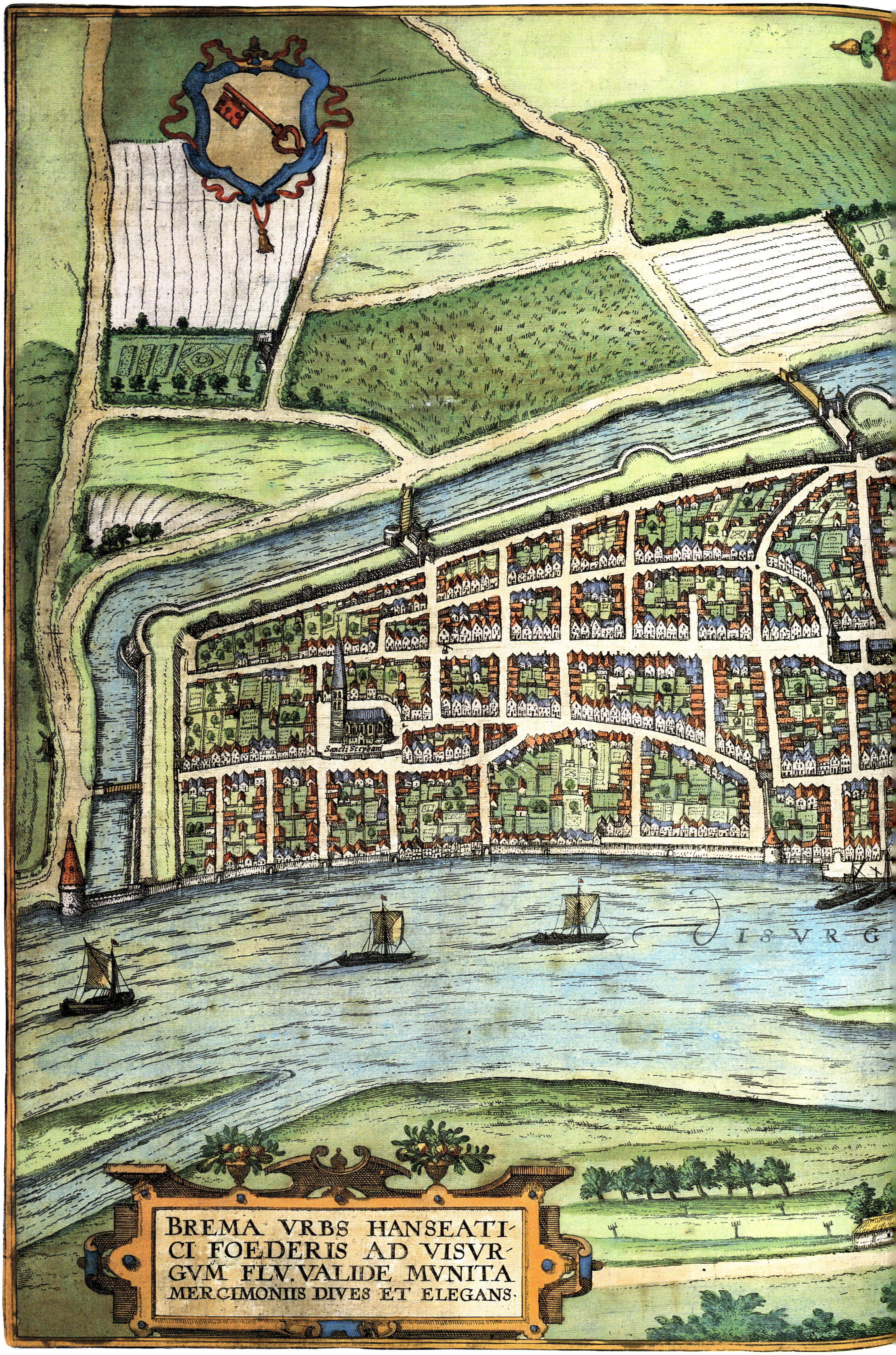

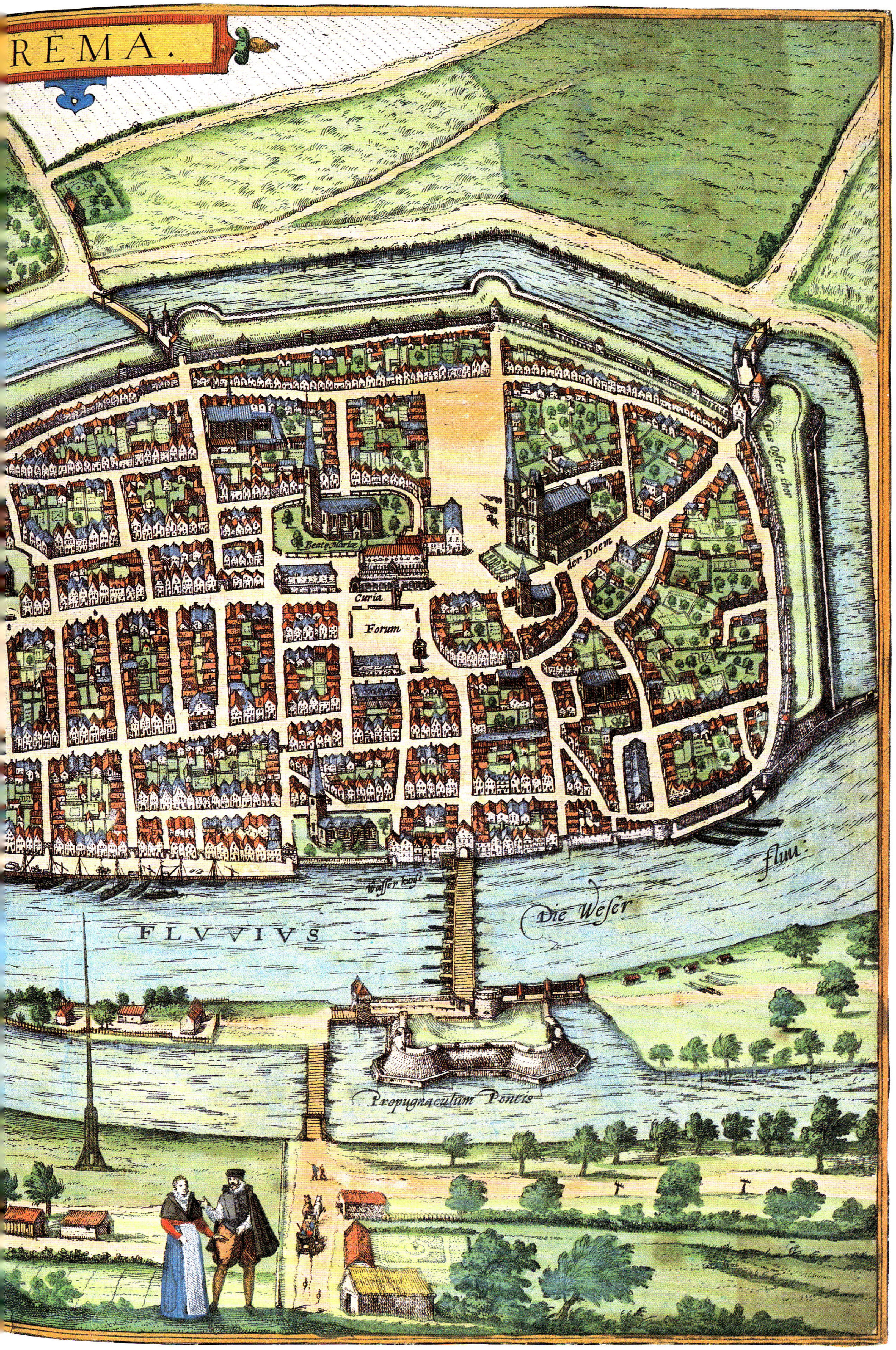

neuten Ausschluß 1427 führten. Die Wiederzulassung erfolgte 1433, als die feudalistische Verfassung des Rats, die 1304 aufgehoben worden war, wieder eingeführt wurde, um die öffentliche Ordnung herzustellen. Die Stände gewannen ihren Einfluß nie wieder zurück, und die Macht blieb in den Händen der Patrizier. Aber die so gewonnene Stabilität verhalf Bremen in kurzer Zeit zu Reichtum und Ansehen.

Auf dem Plan ist die Altstadt deutlich zu erkennen, mit der Vorstadt, die sich auf dem rechten Weserufer entlang der geschäftigen Hafenmole erstreckt, sowie die Anfänge der Südervorstadt über dem Fluß. In der Altstadt liegt der Marktplatz (Forum) mit dem Rathaus (Curia) aus dem 15. Jahrhundert, der Dom (Doem) aus dem 12. Jahrhundert und die Liebfrauenkirche (Beate Mariae). Auf der Nordseite der Stadt steht die romanische Kirche St. Stephan (Sancti Stephani) aus dem 12. Jahrhundert.

TAFEL 11

BRISTOL

Brightstowe. Brightstowe, vulgo quondam venta, florentissimum Angliae Emporium. 1581.
Band III, Nummer 2 (340 x 440 mm). Nach William Smith (1568).
Bristol ist beispielshaft für eine Stadt, die ihre Bedeutung ausschließlich dem Handel verdankt. Sie stellte die westliche Begrenzung der sächsischen Besiedlung Englands dar und scheint um 1000 als Handelsniederlassung für den Wollhandel mit Irland gegründet worden zu sein. Heinrich II. befreite 1172 die Bürgerschaft von gewissen Abgaben und bestätigte bestehende Rechte. Eine zweite Charta aus diesem Jahr überließ den Einwohnern Bristols die Stadt Dublin als Kolonie. Bristol stieg zu großem Reichtum auf während der eineinhalb Jahrhunderte, die der Charta von 1373 folgten, derzufolge es seine Stadtgrenzen auf Redcliffe am Südufer des Avon (*Ratclyffe* auf dem Stich) und die Flußläufe des Avon und Severn bis Steep und Flat Holms ausweiten durfte und Bristol in den Rang einer Grafschaft erhob. Es folgte die Ära unter William Canyng (1399–1574), der fünfmal Bürgermeister (*mayor*) und zweimal der Vertreter der Stadt im Parlament zu London war. Canyng baute den Tuchhandel mit den Häfen der Ostsee aus und vergrößerte mit den erzielten Gewinnen die Kirche St. Mary Redcliffe. Die Kaufleute Bristols exportierten ihr Tuch nach Frankreich, Spanien und in die Länder des östlichen

Mittelmeers. Die berühmte Society of Merchant Ventures (Gesellschaft der Handelsunternehmer) wurde 1467 gegründet, sie nahm rasch an Einfluß zu und hatte um 1500 das Monopol für den Außenhandel Bristols inne sowie das Recht auf sämtliche Hafenzölle.

Die großen Entdeckungsreisen über den Atlantik berührten auch Bristol und führten im 16. Jahrhundert zu verstärktem Handel mit Spanien, den Kanarischen Inseln und den spanischen und portugiesischen Kolonien in Amerika. Die Stadt beteiligte sich an dem Versuch, Neufundland zu kolonisieren, und im Austausch mit Zucker am Sklavenhandel mit afrikanischen Sklaven, der während des 17. Jahrhunderts florierte. William Smith' Plan zeigt einen deutlich begrenzten Stadtkern nördlich des Avon, der von der Broad Street, High Street, Wine Street und Corn Street durchzogen ist, mit den Stadtmauern, die auch die südliche Vorstadt Redcliffe umgeben. Wenn sein Bericht auch aus späterer Zeit stammt (1739), beschrieb Alexander Pope, der Bristol sehr schätzte, die Hafenstadt wie folgt: „ . . . man gelangt an einen hohen Punkt der alten Stadtmauer mit Häusern zu beiden Seiten und erblickt in der Mitte der Straße, so weit das Auge sehen kann, Hunderte von Schiffen, ihre Masten so nah beieinander wie möglich, was einer der seltsamsten und überraschendsten Anblicke ist, die man sich vorstellen kann . . .“ Anders wird Bristol zu Smith' Zeiten nicht ausgesehen haben.

TAFEL 12

BRUXELLES (BRÜSSEL)

Bruxella, urbs aulicorum frequentia, fontium copia, magnificentia principalis aulae . . . nobilissima. 1572.

Band I, Nummer 14 (330 x 470 mm). Nach Lodovico Giucciardini (1567).

Obwohl die Stadtmauern auf dem Plan zu sehr gerundet und die Straßen zu breit dargestellt sind, wurde die Vorlage Brauns und Hogenbergs von vielen Verlegern bis weit ins 17. Jahrhundert verwendet. Viele der topographischen Details scheinen von einer unveröffentlichten Skizze übernommen worden zu sein, die Jacob van Deventer um 1550 anfertigte.

Man nimmt an, daß der Name der Stadt von Broeksele stammt, einem Dorf, das an einer Furt des kleinen Flusses Senne gelegen ist. Sie wird erstmals im 8. Jahrhundert erwähnt. Während der nächsten zwei Jahrhunderte nahmen die Gilden an Größe und Bedeutung zu und konkurrier-

ten mit denen von Gent im Westen des Landes. Der Herzog von Brabant verlieh den Bürgern Brüssels 1312 das Stadtrecht. 1357 wurde eine größere Stadtmauer gebaut, um auch das offene Gelände vor der Stadt mit einzuschließen. Diese Mauer blieb größtenteils bis zur Belgischen Revolution von 1830–1831 erhalten. 1383 verlegten die Herzöge von Brabant ihre Residenz von Louvain nach Brüssel, das um diese Zeit bereits 50 000 Einwohner gezählt haben soll.

Die Handelsgilden wurden 1420 offiziell durch einen Erlaß bestätigt, als die Neun Staaten und der Herzog von Brabant ihr Schloß bauten (ganz in der Nähe der Place Royale aus heutiger Zeit), das mit der Nummer 17 auf dem Plan gekennzeichnet ist. Auch andere wichtige Gebäude sind abgebildet, wie das Hotel de Ville mit der Nummer 51 an der Grande Place (Bildmitte). Man achte auf die kleinen Docks und Kais am Ufer der Senne, die den Status Brüssels als geschäftige Handelsstadt des 16. Jh. verdeutlichen.

TAFEL 13

BUDAPEST

Buda citerioris Hungariae caput Regni avita sedes, vulgo Ofen . . . 1617. 1617.
Band VI, Nummer 30 (318 x 478 mm). Nach Joris Hoefnagel (1617).

Die Geschichte Budapests ist die zweier getrennter Städte, Buda und Pest, die auf den gegenüberliegenden Donauufern erbaut wurden. Buda auf dem rechten Ufer wurde von den Römern als Aquincum gegründet. 376 fielen die Hunnen ein und besetzten die Stadt. Der Ursprung von Pest ist unklar, man glaubt, daß der Name sich aus dem slawischen Wort *prestj* herleitet, das Ofen oder Herd bedeutet und möglicherweise anzeigt, daß es sich um eine slawische Siedlung am Flußufer handelte. Die im 10. Jahrhundert eindringenden Magyaren behielten beide Namen bei.

Die Christianisierung erfolgte im 11. Jahrhundert. 1241 wurde Pest durch die Tataren zerstört, nach deren Abzug es von Bela IV. 1244 wiederaufgebaut und zur Königlichen Freien Stadt ernannt wurde. In den folgenden Jahrhunderten schien Pest aufzublühen, doch lag es immer im Schatten Budas mit seiner riesigen Festung und dem königlichen Palast.

Bela IV. legte 1247 den Grundstein zu diesem Bau, um den herum die Stadt Buda entstand. 1361 wurde es die Hauptstadt Ungarns. Die Festung wurde zwischen 1458 und 1490 zuerst von Sigismund und danach von Matthias Corvinus weiter vergrößert. Auf dem Stich ist sie als *Arx et Palatium Regium* (Buchstabe B) bezeichnet.

Nach dem Einfall der Türken wurde Pest geplündert, und Buda blieb von 1541 bis 1686 Sitz des türkischen Paschas. Während der osmanischen Besatzung verkam Pest völlig; als die Türken 1686-1687 aus Ungarn vertrieben wurden, lag die Stadt in Ruinen. Aber dank ihrer beherrschenden Lage an einer Handelsstraße erholte sie sich, und um 1723 war sie wieder Sitz

und Residenz des ungarischen Adels und hoher Beamter. Merkwürdigerweise wurde eine feste Brücke erst 1842 zwischen den beiden Städten gebaut (Die Szechenyi-Brükke des englischen Ingenieurs William Tierney Clark). Die hier abgebildete ist ein schönes Beispiel für eine Pontonbrücke.

Der Stich zeigt die beiden Städte unter der Türkenherrschaft, als viele Kirchen in Moscheen verwandelt wurden. Buchstabe C kennzeichnet zum Beispiel den *Templum olim Divae Virginis nunc Meskita* (Moschee) und die frühere Kirche in Pest auf dem Eskü-ter, 1500 im gotischen Stil errichtet, diente dem gleichen Zweck. Um diese Tatsache noch hervorzuheben, ohne Zweifel zum Entsetzen der Leser der *Civitates* , sind die Personen, wie sie gewöhnlich auf solchen Stichen auftauchen, ausschließlich in türkische Gewänder gehüllt.

In seiner Beschreibung Budapests ist Braun voll des Lobs: „Die Stadt war schon immer Hauptstadt und Sitz der Krone Ungarns gewesen . . . Der prächtige königliche Palast ist nicht nur der Stolz Ungarns, sondern beinahe einzigartig in Europa, besonders die Burg, die innen und außen von purem Golde glänzt . . . Die Hauptkirche wurde von den Königen Geza und Ladislaus zu Ehren der Mutter Gottes erbaut. Gegenüber der Burg liegt ein recht steiler Hügel, auf dem die Türken heutzutage eine Festung gebaut haben und eine Garnison unterhalten. Früher wurde er St. Gerhardtsberg genannt. Auf ihm stand eine Kirche, die von vielen Pilgern besucht wurde, besonders zu Zeiten der Pest. Doch heute findet sich hier nichts als mohammedanischer Frevel. Auf dem anderen Ufer der Donau, Ofen gegenüber, liegt Pest, ebenfalls freie Stadt, in einer sehr fruchtbaren Ebene mit den wunderbarsten Gärten und Auen. Es ist in der Tat beklagenswert, daß diese beiden schönen Städte in die Hände der Christenfeinde gefallen sind."

TAFEL 14

CALAIS

Caletum, sive Calesium, vulgo Cales, janua, frenum, et clavis Galliae, Anno M D XCVII. Mense Aprili, in Philippi Hispaniarum Regis potestatem devenit. 1598.

Band V, Nummer 22 (315 x 395 mm). Nach Joris Hoefnagel.

Bis zum 10. Jahrhundert war Calais ein kleines Fischerdorf mit Naturhafen an der Mündung eines Flusses. Eine Befestigung wurde zuerst 997 von Baudouin IV., Graf von Flandern, errichtet, und von Philipp Hurepel, Graf von Boulogne, 1224 ausgebaut. Nach der Schlacht von Crécy belagerte Eduard III. von England 1346 die Stadt. Der Gouverneur, Jean de Vienne, hielt der Belagerung fast ein Jahr lang stand, bis ihn die Hungersnot zur Aufgabe zwang. Den Bewohnern wurde ein Massaker durch die Bitte Eustaches de St.-Pierre erspart, und die sechs Ratsherrn wurden verschont dank des Eingreifens der Gattin Eduards III., Königin Philippa. Calais verblieb in englischer Hand, bis Franz von Guise 1558 mit einer Heeresmacht von 30 000 Soldaten die englische Garnison von 800 Mann nach einer

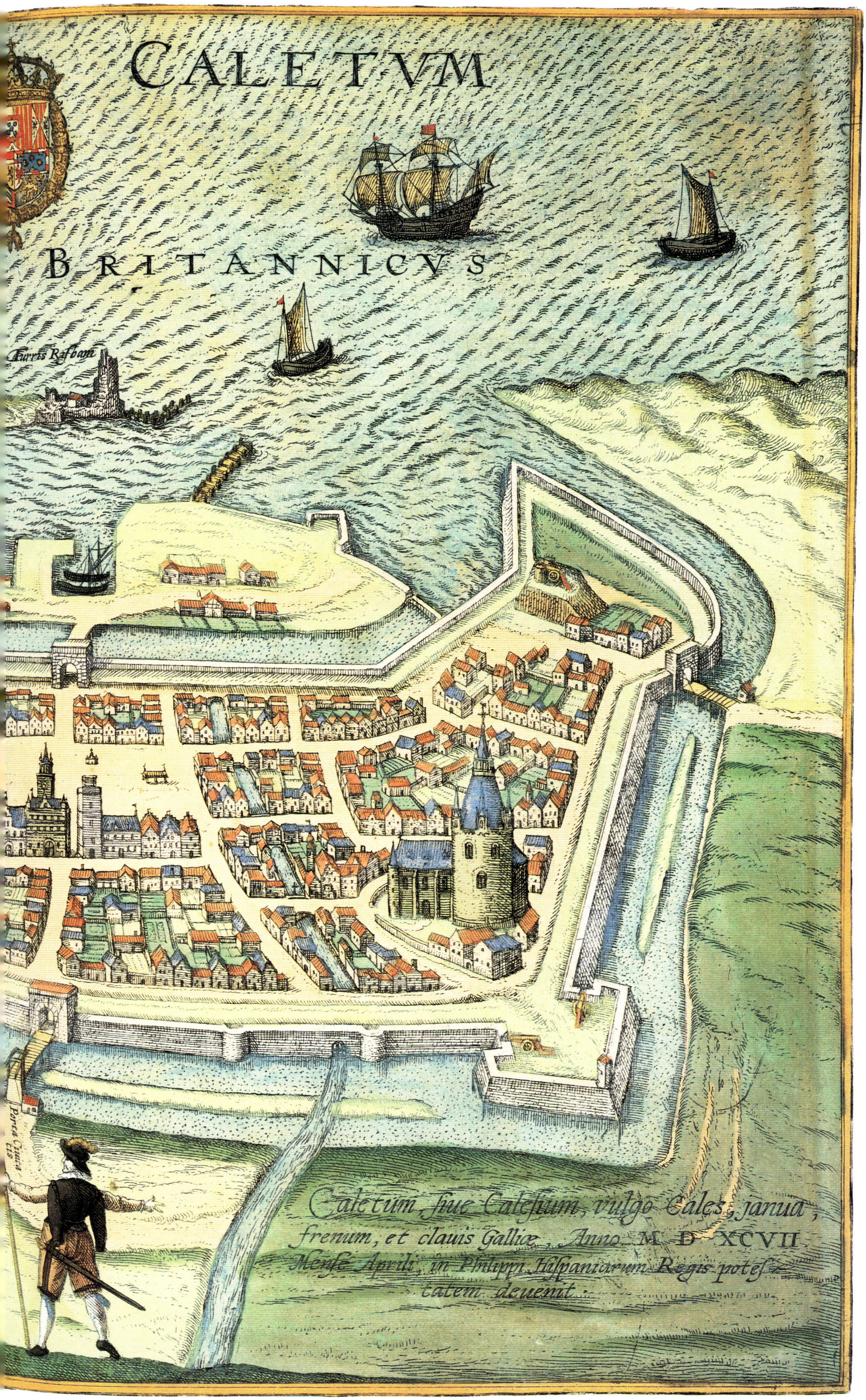

Woche Belagerung überwältigte.

Mit Ausnahme einer kurzen Periode von 1595 bis 1597 gehörten Calais und die *pays reconquis* (zurückeroberten Gebiete) zu Frankreich. Die letzte, erfolgreich abgewehrte Belagerung durch die Spanier im April 1597 wird in einer Notiz in der unteren rechten Ecke des Stichs erwähnt.

Von 1363 bis zur Vertreibung der Engländer 1558 war Calais der wichtigste Hafen zur Einfuhr von Wolle aus England für den flämischen Wollhandel, vor allem den von Brügge. Die Halle der „Wollballenbündler" (im 14. Jahrhundert erbaut) war das Gebäude, das später in Hôtel de Guise umbenannt und Franz für seine Verdienste um die Wiedereroberung der Stadt geschenkt wurde.

Die große Zitadelle – *Castellum* – im Südwesten von Calais wurde 1560 gebaut.

Durch den Kanaltunnel wird Calais auch heutzutage wieder direkt mit Dover an der englischen Kanalküste verbunden sein, das oben auf dem Stich zu sehen ist und den Betrachter daran erinnern soll, wie eng die Geschichte Calais' und dieser Region im Norden Frankreichs mit der Englands verknüpft ist.

TAFEL 15

CAMBRIDGE

Cantebrigia, opulentissimi Angliae Regni urbs celeberrimi nominis ab Academiae conditore Cantabro, cognomita. 1575.

Band II, Nummer 1 (330 x 450 mm). Nach William Smith, nach Richard Lyne (1574).

Der Name Cambridge scheint von *Grontabricc* aus dem 8. Jahrhundert zu stammen, das im *Anglo-Saxon Chronicle* von 875 als *Grantebrycg* erwähnt wird. Der Name wurde wahrscheinlich einer Siedlung gegeben in der Nähe der Brücke über den Fluß Cante, Granta, heute Cam. Es war ein Endpunkt der Flußschiffahrt, und während der Herrschaft Heinrichs I. wird es als *burrough* (Bürgerschaft) bezeichnet. Die Werften für den Schiffsverkehr lagen an den *backs*, wie heute die flachen Uferböschungen hinter manchen Colleges genannt werden.

Schon im 16. Jahrhundert war Cambridge für seine Universität berühmt, die ihren Ursprung in den frühen kirchlichen Stiften der Stadt hatte. Das älteste war das Augustinische Stift von St. Giles, das 1092 gegründet, jedoch 1112 nach Barnwell überführt wurde. 1224 ließen sich die Franziskaner in Cambridge nieder, gefolgt von den Dominikanern und so weiter. Den Mönchen folgten bald Scholaren, so daß Cambridge 1231 per Erlaß Heinrichs III. als ein Zentrum der Gelehrsamkeit anerkannt wurde. Das erste College, Peterhouse, wurde von 1281-1284 von Hugh de Balsham, Bischof

von Ely, errichtet. Weitere Colleges auf dem Plan sind: Clare College (gestiftet 1326, wiedereröffnet als Clare Hall von Elizabeth de Clare); Trinity Hall (1350, von William Bateman, Bischof von Norwich); Corpus Christi (1352, als das „Stift der Scholaren von Corpus Christi und der Heiligen Jungfrau Maria"); Pembroke College (1347, von Mary de St. Paul, Witwe von Aylmer de Valence, Earl of Pembroke) und King's College, die 1515 vollendet wurde und als eines der prächtigsten Gebäude Europas gilt, ist auf dem Stich gerade noch zu erkennen (Mitte rechts).

Es folgten Queen's College (gestiftet 1445 von Elisabeth Woodville, Gattin König Eduards IV.); St. Catherine's College (1473, von Dr. Robert Woodlark, Kanzler der Universität); Jesus College (1496, von John Alcock, Bischof von Ely); Christ's College (1505, von Lady Margaret Beaufort); St. John's College (1511, ebenfalls von Lady Margaret Beaufort); Magdalene College (1428, als ein Stift für Novizen aus Crowland, wiedereröffnet 1542); Trinity College (1546, von Heinrich VIII.); Gonville und Caius College (ursprünglich 1348 von Edmund Gonville, wiedereröffnet 1557 von John Caius).

An der Bridge Street (Mitte schräg unten links) kann man die Kirche Holy Sepulchre (St. Pulchers) sehen, eine der vier ältesten Rundbaukirchen Englands. Sie wird den Rittern vom Templerorden zugeschrieben und ihre Errichtung auf 1120–1140 datiert.

CÓRDOBA

Corduba. 1617.
Band VI, Nummer 5 (332 x 497 mm). Quelle unbekannt.
Córdoba, an den Ufern des Guadalquivir gelegen, geht wahrscheinlich auf eine karthagische Gründung zurück. Von den Römern unter Marcus Marcellus 152 v. Chr. eingenommen, war es die erste römische Stadtkolonie auf der Iberischen Halbinsel. Córdoba stieg zur führenden Siedlung der Provinz Hispania Ulterior auf und erwarb den Titel *patricia* wegen der großen Zahl von Adeligen unter den Kolonisten. Während der Zeit des Geographen Strabo (ca. 63 v. Chr. bis 21 n. Chr.) war es die größte Stadt Spaniens. Seinen Reichtum verdankte es hauptsächlich der Via Augusta, der belebten Handelsstraße, die Córdoba mit Nordspanien, seinen Erzminen, seinem fruchtbaren Weideland und seinen Kornfeldern verband. Córdobas Einfluß überdauerte die Herrschaft der Westgoten vom 5. bis Anfang des 8. Jahrhunderts Kalif Abd' ar-Rahman I. machte es zur Hauptstadt des maurischen Spanien nach 756. Unter Abd' ar-Rahman III. stieg es zu höchster Blüte auf. In der etwas übertreibenden Art maurischer Chroniken wird berichtet, daß die Stadt unter seiner Herrschaft 200 000 Häuser zählte, 600 Moscheen, 900 Bäder, eine Universität und viele Bibliotheken. Es wird gleichfalls berichtet, daß Córdoba Hauptstadt eines Kalifats von acht Großstädten, 300 Städten und 12 000 Dörfern war!
Um das Jahr 1016 begann der Niedergang Córdobas. Ohne Mühe wurde es 1236 von Fer-

dinand III. von Kastilien eingenommen und erreichte danach auch nie mehr seine frühere kulturelle Bedeutung, obwohl wenige Städte Spaniens sich rühmen können, Geburtsstadt so vieler berühmter Persönlichkeiten der Künste, Literatur und Wissenschaften zu sein, darunter Seneca (ca. 3 v. Chr. bis 65 n. Chr.), Lukan (39–65); die Philosophen Averroes (1126–1198) und Maimonides (1135–1204), Juan de Mena (ca. 1411–1456), Lorenzo de Sepúlveda (gest. 1574), Luís de Gongola y Argote (1561–1627), der Maler Pablo de Céspedes (1538–1608) und der Kapitän und Admiral Gonzalo Fernández de Córdoba, der Neapel (s. dort) 1495–1498 eroberte und im nahe gelegenen Montilla geboren wurde. Viele bekannte Gebäude sind auf diesem anonymen Stich abgebildet: der Alcázar (Buchstabe G – *Palatium Regium*), inmitten der Gärten, die Kalif Abd' ar-Rahman I. (756–788) anlegen ließ und der unter dem Wesir Kalifs Hisham II. (976–1009) zum größten Sakralbau des Islams nach der Kaaba in Mekka ausgebaut wurde. Nach der endgültigen Vertreibung der Mauren wurde das Bauwerk von Hernán Ruíz grobschlächtig umgebaut, was Karl V. (1500–1558) zu der Bemerkung verleitete, daß er „. . . hier etwas gebaut habe, das er überall hätte bauen können . . .“ und dabei „. . . zerstörte, das seinesgleichen in der Welt suchte“. Während der maurischen Herrschaft war Córdoba berühmt für seine Silberschmiede, die angeblich aus Damaskus kamen. Eine besondere Art Leder erhielt seinen Namen nach der Stadt und wurde in alle Welt exportiert.

TAFEL 17

DORDRECHT

Dordracum vulgo Dortt. 1575.

Band II, Nummer 24 (310 x 495 mm). Nach einer nicht benannten Quelle.

Gegründet 1018 von Dirk III. von Holland ist Dordrecht eine der ältesten Städte, wenn nicht die älteste Stadt der alten *graafschap* von Holland. Wegen seiner Lage auf einem Deich und der Insel gleichen Namens, umgeben von den Flüssen Merwede, Dordtse Kil, Alte Maas und Noord, war Dordrecht jahrhundertelang vom Festland isoliert und ständig von Belagerung, Sturmfluten, inneren Unruhen, Bränden, Fremdherrschaft und nachbarlicher Konkurrenz bedroht. Ursprünglich war die Siedlung zur Kontrolle der Mündungen von Maas und Rhein angelegt worden, und es ergab sich von selbst, daß Zölle erhoben wurden. Schon 1206 war Dordrecht zusammen mit Vlaardingen, Leiden und Haarlem eine der vier bedeutendsten Städte der Grafschaft von Holland und besaß das Stadtrecht.

Ende des 13. Jahrhunderts war die Stadt zum Hauptumschlagplatz für Weine und Holz aus Deutschland und für den Salzhandel von Zierikzee, Zevenbergen und Tholen im Südwesten des Landes geworden. 1299 wurde sie „Stapelhafen“, d. h., alle Güter, die auf den Flüssen Lek und Merwede befördert wurden, mußten in Dordrecht umgeschlagen werden. Die Stadt übte zudem eine gewisse Kontrolle aus über die Zuidhollandse Waard aus, die ca. 1213 eingedeicht wurde. Das Handelsvolumen nahm auch im 14. Jahrhundert weiter zu, und mehr als einmal während der Blütezeit Dordrechts verlegte die Hanse ihr Kontor von Brügge dorthin.

Gegenüber dem Wandel der

Zeit bewies die Stadt große Anpassungsfähigkeit. Ursprünglich auf Handel und Flußschiffahrt ausgerichtet, diente sie später als Marktort für die landwirtschaftlichen Produkte der Zuidhollandse Waard. Nach der Zerstörung dieses Kulturlandes am 18. und 19. November 1421 durch eine verheerende Sturmflut (St. Elisabethvloed), in der über 10 000 Menschen ertranken und mindestens zwanzig Dörfer überflutet wurden, war Dordrecht abermals vom Land abgeschnitten und konzentrierte sich einmal wieder auf seine angestammten Wasserstraßen.

Im 15. Jahrhundert trieb Dordrecht regen Handel mit Wein, Holz, Kupfer, Schiefer, Kreide, Mühlsteinen, Getreide, Gewürzen, Salz und Wolle. Es diente auch als Stützpunkt für die Aufständischen während des Achtzigjährigen Krieges. Erst 1579 verlor die Stadt ihr Stapel-Privileg an Rotterdam (s. dort).

Dem Meer und den Flüssen verdankte Dordrecht seine Existenz. Als die Merwede immer mehr versandete, begann der Niedergang der Stadt; Rotterdam, das näher an der Nordsee lag, nahm bald ihren Platz ein.

Eine der letzten bedeutenden Rollen, die die Stadt spielte, war das Statenvergadering van Holland von 1572, in dem der Widerstand der Niederlande gegen die spanische Unterdrückung koordiniert wurde. Später, 1618–1619, versammelte sich auch die Kirchensynode hier.

Der Stich zeigt die Stadt von Nordwesten über die Merwede hinweg. Auf dem Höhepunkt ihrer Blüte dehnte sie sich über 1,3 Kilometer längs des Deiches aus; die Ansicht zeigt Wijnstraat, Groenmarkt und Grootekerksbuurt auf der Westseite der Onze Lieve Vrouwekerk (Liebfrauenkirche) aus dem 13. Jahrhundert.

TAFEL 18

EDINBURGH

Edenburg. Edenburgum, Scotiae Metropolis. 1581
Band III, Nummer 4 (340 x 450 mm). Nach Ralph Holinshead (ca. 1574).
Edinburghs gälischer Name war Dunedin, wahrscheinlich die Transliteration eines angelsächsischen Namens. Den Briten war es als *Castelh mynedh agnedh* (Hügel über der Ebene) bekannt, was auf dem Stich als *Castrum puellarum* (Jungfernburg) ausgelegt wurde, in der fälschlichen Annahme, daß sich dort die Prinzessinnen der Pikten (ein Stamm der Kelten) aufhielten.
Der Stich zeigt den alten Stadtkern, der von der Burg auf dem „Castle Rock" überragt wird und sich in gerader Linie den Grat entlang nach Holyrood Abbey erstreckt, seitlich der High Street und Canongate. Edinburgh dehnte sich in seiner Längsachse rasch während des 12. Jahrhunderts aus.
Nach 1450 war die Stadt mit ihren hohen Gebäuden und engen Straßen und Gassen von Mauern umgeben. Der Plan vermittelt einen völlig falschen Eindruck von der Breite der Straßen im 16. Jahrhundert. Die Stadtmauern wurden 1513 nach dem Sieg der Engländer über die schottische Armee bei Flodden Field vergrößert und ausgeweitet. Die Gassen oder *wynds*, waren so eng und düster, daß Fuhrwerke nur die High Street und Canongate befahren konnten und die einfachen Bürger gezwungen waren, zu Fuß zu gehen, was dem Adel schlecht anstand – er benutzte Sänften. Arm und Reich lebten Haus an Haus in den Vierteln der Stadt.
Lewis Munford kommentier-

te 1961 wie folgt: „Doch zum Ende des Mittelalters hin wandten sich die Dinge zum Schlechten, trotz sanitärer Bestimmungen. Ursache dafür war die Zunahme mehrgeschossiger Mietshäuser . . . [Sie] erschwerten die Benutzung der sanitären Einrichtungen [im Hof], allein die Entfernung von den oberen Stockwerken zum Erdgeschoß verleitete die Bewohner zu Nachlässigkeiten und mangelnder Hygiene in der Leerung ihrer Nachttöpfe . . . Im 16. Jahrhundert herrschte in gutverwalteten Städten, die eine Straßenreinigung betrieben, das generelle Verbot, in der Stadt Schweine zu halten, auch nicht in den Gärten hinter den Häusern . . ."

Der Originaltext der *Civitates* aus dem Jahre 1581 beschreibt Edinburgh als eine Stadt „. . . nicht aus Ziegeln erbaut, sondern dem heimischen, behauenen Stein, so daß alle Gebäude Palästen gleichen. In der Stadtmitte befindet sich die Schloßkirche mit einem Kloster namens St. Giles. Die Bischöfe, Herzöge, Grafen, Barone und andere hohe Persönlichkeiten des Königreiches besitzen ihre eigenen Paläste in der Stadt, wo sie wohnen, wenn sie zur Versammlung ins Parlament gerufen werden. Von der High Street aus zweigen unzählige Gassen nach Norden und Süden ab, alle mit hohen Gebäuden. Die bedeutendste ist Cow Gate, wo die adeligen Familien und Räte der Stadt ihre Häuser haben . . . Die Abteikirche von St. Giles ist die Hauptkirche der Stadt. In der Gasse, die die Stadt Edinburgh entlang der Cnönch Street [Canongate] von der Vorstadt trennt, liegt innerhalb der Mauern Queen's College . . ."

TAFEL 19

ESCORIAL/ MADRID

Scenographia totius fabricae S. Laurentii in Escoriali. 1617.

Band VI, Nummer 4 (365 x 497 mm). Nach Petrus Perret (1587), erstmals veröffentlicht 1591 in Abraham Ortelius' „Theatrum"

Der große Klosterpalast El real monasterio de San Lorenzo del Escorial, der 1563-1587 erbaut wurde und um die fünfzig Kilometer von Madrid entfernt liegt, ist eines der bemerkenswertesten Bauwerke Europas. Es beherbergt einen Konvent, einen Königspalast und ein Mausoleum und ist das bedeutendste Zeugnis der Renaissance in Spanien. Schon seine Lage in einer öden und düsteren Steinwüste, den eiskalten Winden von den Sierras ausgesetzt, unterstreicht die religiöse Strenge der Architektur des Bauwerks, das aus *berroqueña*, dem dort vorkommenden Granit, errichtet wurde. Der Bau des Escorial wurde von Philipp II. (1556-1598) in Erinnerung seines Sieges über die Franzosen 1577 bei St. Quentin in Auftrag gegeben. Der Name Escorial stammt von dem nahe gelege-

nen Weiher, wo die Arbeiter an dem Bauwerk und die Mönche, die später in seine Mauern einziehen sollten, wohnten. Das Bauwerk beherbergte auch das Mausoleum für Philipps Vater, Karl V., und diente als Symbol der Macht des spanischen Reiches und der Katholischen Kirche. Mit dem Entwurf der Baupläne wurde Juan Bautista de Toledo beauftragt, ein spanischer Architekt, der den größten Teil seines Berufslebens in Italien verbracht und Michelangelo beim Bau des St. Petersdoms in Rom von 1546 bis 1548 assistiert hatte. De Toledo starb 1567, sein Schüler Juan Herrera führte sein Werk fort.

Der Grundstein wurde im April 1563 gelegt und der Bau am 13. September 1584 fertiggestellt. Er nimmt eine Fläche von 36,8 Hektar ein, mit sieben Türmen, fünfzehn Toren und ungefähr 12 000 Fenstern und Türen. 1593 waren sämtliche Baumaßnahmen abgeschlossen, und Philipp II., halb König, halb Mönch und Herrscher über das mächtigste Reich der Weltgeschichte, starb hier 1598.

Die Ansicht zeigt nach Osten, als Grundlage diente eine Zeichnung von Petrus Perret von 1587.

TAFEL 20

FRANKFURT AM MAIN

Civitas Francofordiana ad Moenum. 1552.
Band I, Nummer 35 (330 x 470 mm). Von Conrad Faber nach einem Holzschnitt von Hans Grave.

Der Name der „Freien Reichs-, Krönungs- und Handelsstadt Frankfurt“ leitet sich von *Frankenford* (um 500) ab. Der Name deutet auf die Geschichte der Stadt hin: Die Furt über den Main, über die die Franken die Stämme der Alemannen 496 trieben. Frankfurt war Kaiserpfalz Karls des Großen und wurde 822 Residenz Ludwigs des Frommen (der spätere Saalhof), 850 Ludwigs des Deutschen bis zu dessen Tod 876. Es folgte eine Periode des Niedergangs, bis Heinrich V. 1147 Frankfurt zur Krönungsstadt wählte. Mit der „Goldenen Bulle“ von 1356 bestätigte Karl IV. Frankfurt als Stadt, in der die Kaiserwahl stattfinden sollte, und nach 1562 löste die Stadt schließlich Aachen (s. dort) als kaiserliche Krönungsstadt ab.

Die Verfassung der Stadt nahm während des 13. Jahrhunderts ihre endgültige Form an: Ab 1219 wurde der Schultheiß gewählt, dem zur Verwaltung der städtischen Ämter vierzehn rechtskundige Schöffen zur Seite standen. Tatsächlich war dies ein erster Schritt zur kommunalen Selbstverwaltung, in der die Bürger indirekt vertreten waren.

Die großen Handelsmessen, erstmals 1150 erwähnt, gewannen im 13. Jahrhundert an Bedeutung. Der wachsende Reichtum der Stadt erlaub-

te zwischen 1220 und 1270 den Bau von nicht weniger als zehn Kirchen. Das große Kloster St. Bartholomä (1235–1239) wurde auf dem Gelände der alten Pfalzkapelle Ludwigs des Deutschen errichtet. 1405 erwarb der Rat zwei Gebäude, das Haus zum Römer (erstmals erwähnt 1322) und das Haus zum Goldenen Schwan, und nutzte die oberen Stockwerke als Rathaus und den großen Festsaal für feierliche Anlässe, während das Erdgeschoß den Messen vorbehalten blieb.

Der Stich zeigt deutlich, wie Frankfurt um 1560 aussah: Die Altstadt wird von der alten Stadtmauer (Staufenmauer) und einem inzwischen trockengelegten Wassergraben aus dem 12. Jahrhundert begrenzt, um die sich innerhalb der neuen Mauern und Gräben die 1333 gegründete Neustadt wie ein Ring schließt, mit dem massigen Eschenheimer Tor und seinem Rundturm, das 1400–1428 erbaut wurde, dem Reutenturm von 1456 am Main (unterer Rand der Ansicht) und dem Kuhhirtenturm (um 1490) in der südlichen Vorstadt Sachsenhausen auf der anderen Seite des Flusses. Sachsenhausen war früher Kommandantur des Deutschen Ordens; gegründet wurde die Siedlung 1219 und beherrscht von der Deutschordenkirche.

Bis 1944 war die alte Stadtmauer durch Straßen wie dem Großen und Kleinen Hirschgraben innerhalb und dem Holzgraben außerhalb mit der großen Durchgangsstraße, der Zeil, begrenzt. Die äußeren Mauern (Baubeginn 1343) wurden zu Beginn des 19. Jahrhundert abgetragen, zusammen mit den Verstärkungen von 1625.

TAFEL 21

GDAŃSK (DANZIG)

Dantzigk. Gedanum, Krantio, in sua Wandalia Gdanum; vulgo sed corruptè Dantiscum Germanicè, Dantzigk. 1575.
Band II, Nummer 46 (326 x 485 mm). Nach Adam Wachendorf (ca. 1561).

Die freie Stadt Danzig, frühere Hauptstadt Westpreußens, wird zum erstenmal 997 erwähnt, als sie bereits eine bedeutende Stadt war. Die Stadt kam nacheinander unter pommersche, polnische, brandenburgische und dänische Herrschaft, bis sie 1308 dem Deutschen Ritterorden zufiel, unter dessen Herrschaft sie viele Jahre lang blühte.

Danzig gehörte zu den wichtigsten Städten der Hanse, dem Range nach gleichgestellt mit Lübeck, Köln (s. dort) und Magdeburg. Nach dem Zerfall des Deutschordens wurde Danzig 1454 durch den Frieden von Thorn freie Stadt in Union mit Polen. Es war im polnischen Parlament und bei der Wahl der polnischen Könige vertreten und verwaltete ansehnliche Ländereien in Preußen mit rund dreißig Dörfern.

Möglicherweise bewahrte keine andere europäische Stadt ihren mittelalterlichen Charakter so sehr wie Danzig, ein Eindruck, den Wachendorfs Ansicht von Westen her über die Stadt vermittelt. (Wachendorf war übrigens Sekretär im Hansekontor zu London.) Der Stich zeigt das Gewirr der Straßen um den riesigen Stumpf der Pfarrkirche (Marienkirche), ein Backsteinbau, der 1343 begonnen und 1503 fertiggestellt wurde und zu den größ-

ten protestantischen Kirchen Europas zählte. In seiner Nähe sieht man das gotische Rathaus in der Langen Gasse, das 1379 begonnen und dessen Renaissance-Turm 1561 angebaut wurde.

Von Danzig aus segelten Schiffe zu allen Häfen der Ost- und Nordsee, nach Bristol (s. dort) und London (s. dort). Den Reichtum seiner Bürger kann man von den gediegen, eindeutig nach holländischer Mode gekleideten Personen im Vordergrund der Ansicht ermessen.

Denn das Gros des Exporthandels Danzigs wurde mit Holland, Zeeland und Flandern abgewickelt. Ein Reeder zählte 1481 1000 Schiffe, die nach Westen segelten, eine Zahl, die leicht das Doppelte betrug, als Ende des 16. Jahrhunderts der Kornhandel mit Amsterdam hinzukam.

Ein gewisser Maximilianus Transivanus, Gesandter in Hamburg, berichtete 1534: „Der ganze Gewinn und Zuwachs des Königreichs Polen und besagter Stadt Danzig liegt darin begründet, daß die Holländer jedes Jahr ein- oder zweimal nach Danzig mit zwei- bis dreihundert Schiffen segelten, um in vierzehn Tagen alles Korn aufzukaufen, das sie in besagter Stadt Danzig finden. In den letzten fünfundzwanzig Jahren haben alle großen Herren Preußens und Polens diesen Markt entdeckt und verschiffen ihr ganzes Korn auf den Flüssen nach Danzig, um es den Händlern dort zu verkaufen.

Aus diesem Umstand zogen besagte große Herren reichen Gewinn, denn vorher wußten sie nicht, was tun mit ihrem Korn, und ließen ihre Felder brachliegen, und die Stadt Danzig, die nichts als ein Dorf war, ist derzeit die mächtigste und reichste Stadt der Länder um die Ostsee."

TAFEL 22

GENOVA (GENUA) und FIRENZE (FLORENZ)

Genua [mit] Florentia. 1572.

Band I, Nummer 44. Zwei Ansichten (148 x 480 mm und 156 x 480 mm). Genua nach G.F. Camocio (1560); Florenz wahrscheinlich nach Hieronymus Cock (ca. 1557).

Genua, eine Stadt der Seefahrer – zu ihren Söhnen zählt Christoph Kolumbus –, muß schon seit Beginn des organisierten Handels im Mittelmeerraum Hafenstadt gewesen sein. Die strategisch günstige Lage seines Naturhafens schuf ideale Voraussetzungen für den Austausch und die Verschiffung von Waren diesseits und jenseits der Alpen. Die Ansicht zeigt den Kern der alten Stadt unmittelbar westlich des Molo Vecchio. Vom 10. Jahrhundert an hatte es hier Befestigungen gegeben, die im 12. Jahrhundert ausgebaut wurden. Die viel zu großen Befestigungsanlagen, die hier zu sehen sind und die in einem weiten Bogen vom Leuchthaus, der *lanterna*, aus die ganze Bucht mit bebautem Stadtgebiet und offenen Flächen einschließen, wurden um 1320-1330 gebaut und erreichen eine Länge von an die neunzehn Kilometern. Eine wachsende Zahl patrizischer Familien beteiligte sich am wirtschaftlichen Leben Genuas. Aus diesen bildete sich eine kleine Elite von kultivierten und hochgebildeten Persönlichkeiten, die als Würdenträger die Geschicke des Stadtstaates bestimmten. Eine Universität wurde 1471 gegründet, und die Hospitäler der Stadt zählten zu den besten ihrer Art in Italien.

Florenz wurde ca. 200 v. Ch. an der Stelle einer etruskischen Siedlung am Arno gegründet. Später entwickelten sich Vorstädte außerhalb der

römischen Mauern, doch um 1175 wurde um die ganze Stadt auf beiden Flußufern erneut eine Mauer errichtet. Weiteres stetiges Wachstum machte hundert Jahre später den Bau einer neuen Stadtmauer notwendig, mit dem 1284 begonnen wurde. Sie umgrenzt, wie man auf dem Stich erkennen kann, bebautes und offenes Land (insgesamt 630 Hektar).

Florenz ist berühmt als der Geburtsort der Renaissance und die Stadt ihrer höchsten Blüte. Bei der Stadtplanung ging man von rein funktionellen und ästhetischen Gesichtspunkten aus, wo sie sich nicht militärischen Überlegungen unterordnen mußten. Die Stadt wollte beeindrukken, was ihr aufgrund ihrer Grundrisse und dank der monumentalen Fassaden der Gebäude, die ihre Prachtstraßen säumten, sowie des großartigen Panoramas auch heute noch gelingt. Viele bemerkenswerte Gebäude haben Kriegswirren und schiere Vernachlässigung überstanden: Il Duomo (Santa Maria del Fiore), Baubeginn um 1298, von Brunelleschi fertiggestellt und 1436 geweiht, der die Mitte des Panoramas beherrscht, der nahe gelegene Campanile, von Giotto erbaut (Baubeginn 1322), um nur zwei zu nennen.

Wie viele bedeutende Städte liegt Florenz an einem Fluß, und neben der jährlich wiederkehrenden Hochwassergefahr stellte dieser manch andere große Herausforderungen an die Bauherren der Stadt. Viele Stadtoberhäupter residierten im Palazzo Pitti, der auf dem linken Ufer Mitte rechts auf dem Stich zu sehen ist. Um sich den Weg zum rechten Stadtufer zu erleichtern, beauftragte Cosimo I. von Medici im 16. Jahrhundert Giorgio Vasari mit dem Bau einer geschlossenen Galerie vom Palazzo Pitti über den Ponte Vecchio zum Palazzo Vecchio, dem Sitz des Rates von Florenz.

TAFEL 23

GRANADA

Granata. 1563.
Band I, Nummer 4 (325 x 505 mm). Nach Joris Hoefnagel.
Granada, zur Römerzeit eine blühende Stadt, fiel im 5. Jahrhundert zusammen mit dem Rest Andalusiens den Vandalen in die Hände. Unter der Herrschaft der Kalifen stieg es jedoch wieder zu höchster Bedeutung auf als Hauptstadt eines Königreiches, das nach dem Fall der Dynastie der Omajaden 1031 neben Sevilla (s. dort) als unabhängiges Fürstentum weiter existierte.
800 Jahre lang war Granada von den Mauren beherrscht und diente als Asyl für maurische Flüchtlinge aus Sevilla, Valencia und Murcia. Verschiedene Dynastien regierten hier nacheinander; eine Zeitlang war Granada unter der Herrschaft von Abu Abdullah Mohammed Ibn al-Ahmar, Begründer der Dynastie der Nasriden (1238-1492), mit Almería und Málaga vereinigt.
Die Nasriden stellten in ununterbrochener Reihenfolge fünfundzwanzig Herrscher, die sich entweder durch Gewalt an der Macht hielten oder stärkeren Nachbarn Tribut entrichteten. Sie förderten nicht nur den Handel, vor allem den Seidenhandel in Italien, der Granada zur reichsten Stadt Spaniens machte, sondern auch die Künste, Literatur und Wissenschaften luden viele gelehrte Scholaren

nach Granada ein. Sie trugen zu einer kulturellen und zivilisatorischen Hochblüte bei, als deren überragendes Denkmal die Alhambra (Rote Festung) angesehen werden kann. Mit dem Bau wurde 1250 begonnen, und sie gilt als letzte Bastion des Islams in Spanien. Neben der Alhambra sind die wichtigsten maurischen Gebäude, die noch erhalten sind, der Cuarto Real de Santo Domingo (13. Jahrhundert), der Alcazár de Genil und das frühere Universitätsgebäude, die Casa del Cabildo (14. Jahrhundert). Die spanische Universität wurde 1531 von Karl V. gegründet. Der Bau der Kathedrale, die an die Reconquista, die Vertreibung der Mauren 1492, erinnert, wurde 1529 begonnen, aber erst 1703 fertiggestellt. Hier liegen Ferdinand und Isabella (1452–1516), das erste Herrscherpaar des vereinten Spaniens, begraben. Granada schließt drei städtische Bezirke ein: Antequerela, 1410 von maurischen Flüchtlingen aus Antequera gegründet, Albaicín (arabisch Rabad al' Bayazin oder Falknerviertel), dessen Name mit Mauren in Verbindung gebracht wird, die 1246 von Baeza hierher flohen, und Granada selbst. Die Herkunft des Namens Granada ist ungewiß, doch nimmt man an, daß er von *granadas* (Granatäpfel) stammt, die in dieser Region weit verbreitet sind. Die Mauren nannten es Karnat al-Yahud, das ungefähr mit „Hügel der Fremden" übersetzt werden kann.

TAFEL 24

HAMBURG

Hamburgum. 1588.
Band IV, Nummer 36 (368 x 470 mm). Wahrscheinlich nach David Frese und Heinrich von Rantzau (vor 1588).

Hamburg wurde wahrscheinlich als eine kleine Festung gegen die plündernden Slawen auf einer Erhebung zwischen Elbe und Alster unter Karl dem Großen 808 gegründet. Nach dem umgebenden Wald, der Hamme, wurde es Hammaburg genannt. Die Kirche, die dort 811 errichtet wurde, wurde zu einem Zentrum der Christianisierung Nordeuropas, Missionare aus Hamburg erreichten Jütland, Dänemark, Schweden und Norwegen. Später wurde Hamburg unter St. Ansgar, dem Apostel des Nordens, Erzbistum.

Die ursprüngliche Siedlung lag um den Domplatz (obere Bildmitte rechts) mit St. Petri gegenüber dem Speers ort. Die Stadt dehnte sich damals in Richtung Adolfsplatz (nach Adolf II., Graf von Holstein) und westlich des Markts (Bildmitte) aus. Mehrere Jahrzehnte später wurde auf der Marsch der Alsterbiegung die Neustadt um St. Nicolai und den Hopfenmarkt gegründet. Hier siedelten sich die Händler an, und hier befand sich auch die Burg des Markgrafen.

Das kaiserliche Privileg von 1189 durch Friedrich I. verhalf Hamburg zu großem Aufschwung: Es wurde von Zöllen befreit, hatte eine eige-

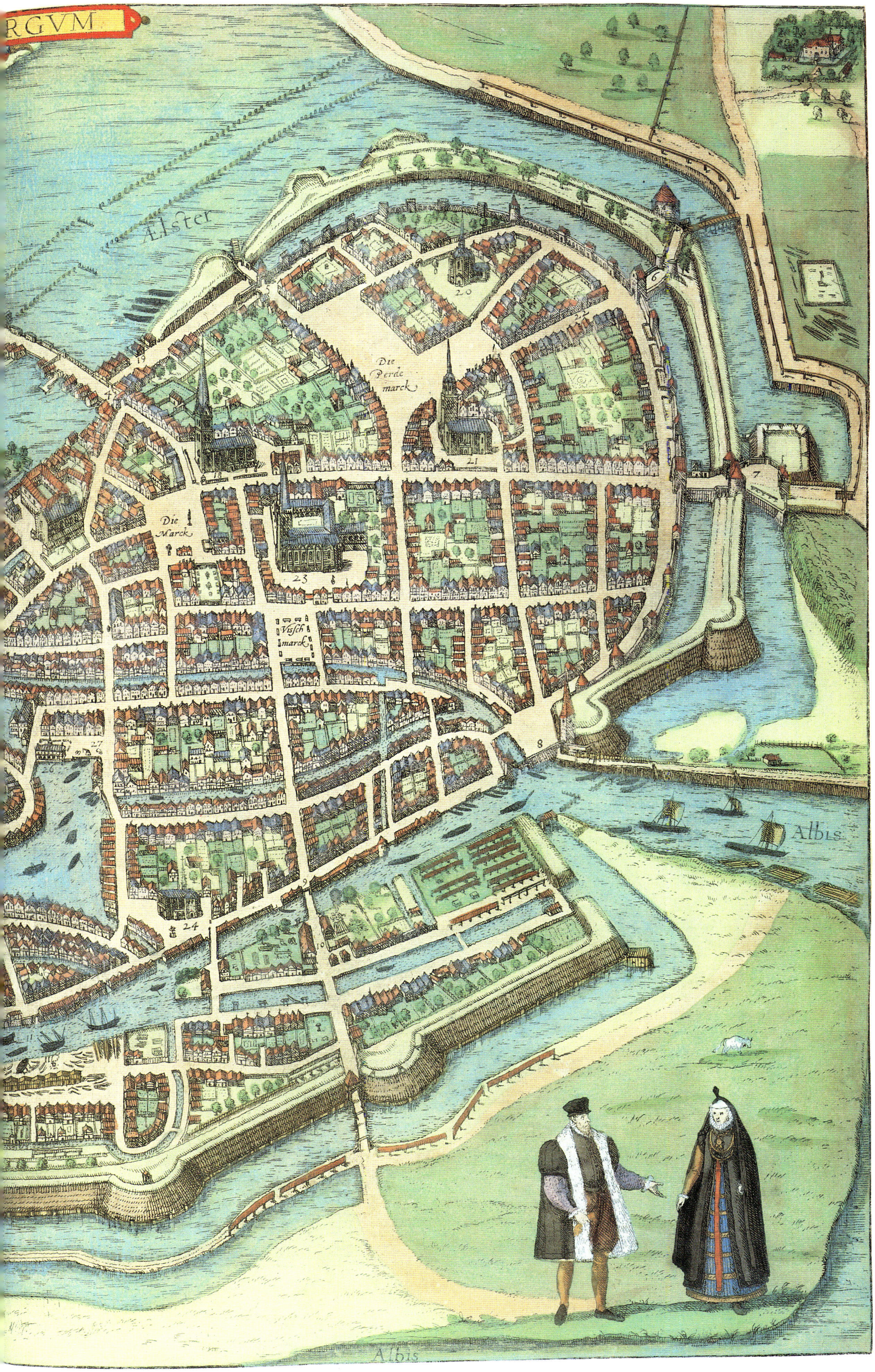

ne Gerichtsbarkeit und besaß die Fischrechte für die Elbe von den Stadtkais bis zur Mündung in die Nordsee. 1216 wurden der erzbischöfliche und der gewerbliche Stadtteil unter der Oberhoheit des Markgrafen und einem gemeinsamen Stadtrat und Gericht vereint. Eine liberale Verfassung wurde ins Leben gerufen, die von vielen Städten Nordeuropas nachgeahmt wurde, zum Beispiel in Riga (s. dort). Das Rathaus (erstmals 1190 erwähnt), wo die beiden Gemeinden sich versammelten, wurde am Alsterufer errichtet. Der Alsterkanal (Durchstich in der zweiten Hälfte des 13. Jahrhunderts) schützte die westlichen Erweiterungen der Stadt. Der Neue Wall wurde 1405 errichtet. Die zwei Alsterseen wurden während des 13. und 14. Jahrhunderts durch Flußaufstauung (vgl. Amsterdam) künstlich angelegt, um Wasserkraft für eine Mühle zu gewinnen. Der äußerste Kanal, die Bleichen Fleth, wurde 1450 als Stadtgraben vor der westlichen Mauer durchstochen.
Der Stich zeigt die Altstadt, wie sie vor 1600 existierte, überbevölkert und beengt und durchzogen von Kanälen, den Fleeten, an denen die Warenspeicher, Keller und Geschäfte lagen. Früher waren die Fleeten Flut und Ebbe unterworfen und bei Hochwasser überflutet. Nach 1600 wurde eine Neustadt westlich der Bleichen Fleth (der Stich entstand früher!) gegründet mit neuen Märkten und Wohngebieten.

TAFEL 25

KALININGRAD (KÖNIGSBERG), und RIGA

Die Fürstliche Hauptstatt Königsbergk in Preussen [mit] Riga, die hauptt Statt in Lyfflantt. 1581.

Band III, Nummer 43 (190 x 405 mm und 165 x 405 mm).

Königsberg wurde 1256 vom Deutschen Ritterorden nahe der Mündung der Pregel im baltischen Samland in Ostpreußen gegründet und ist seit Ende des 2. Weltkrieges eine sowjetische Großstadt. Seinen Namen erhielt es zu Ehren Ottokars II. von Böhmen, der Truppen für den deutschen Kreuzzug nach Preußen unter der Führung Hermann Balkes zur Verfügung gestellt hatte.

Die Küsten des südlichen Baltikums östlich Pommerns erlebten zwischen dem 12. und 14. Jahrhundert einen wachsenden Zustrom von deutschen und flämischen Siedlern, und in den reichen und fruchtbaren Ebenen wurden in rascher Folge viele Städte und Handelsposten gegründet. Diese Wellen der Kolonisation verdrängten und unterwarfen oft die slawischen Stämme, die das ursprünglich dünnbesiedelte Land bewohnten. Die Region wurde erschlossen, und das wirtschaftliche Potential des Baltikums zu einem höchst profitablen internationalen Handel in Holz, Bernstein und Getreide entwickelt. Ab 1358 Mitglied der Hanse wurde die Stadt außerdem zu einem wichtigen Finanzzentrum, das den Handel mit Westeuropa in diesem Teil der Ostsee kontrollierte und finanzierte. Das Schloß wurde 1257 als Festung des Deutschordens gebaut und war Residenz der Hochmeister des Ordens nach dem Fall von Marienburg im 15. Jahrhundert. Der Dom, erbaut zwischen 1297 und 1302, liegt in der Altstadt, zu erkennen hinter der Vorstadt auf der Kneiphof-Insel mit dem Neuen Dom (der Thum).

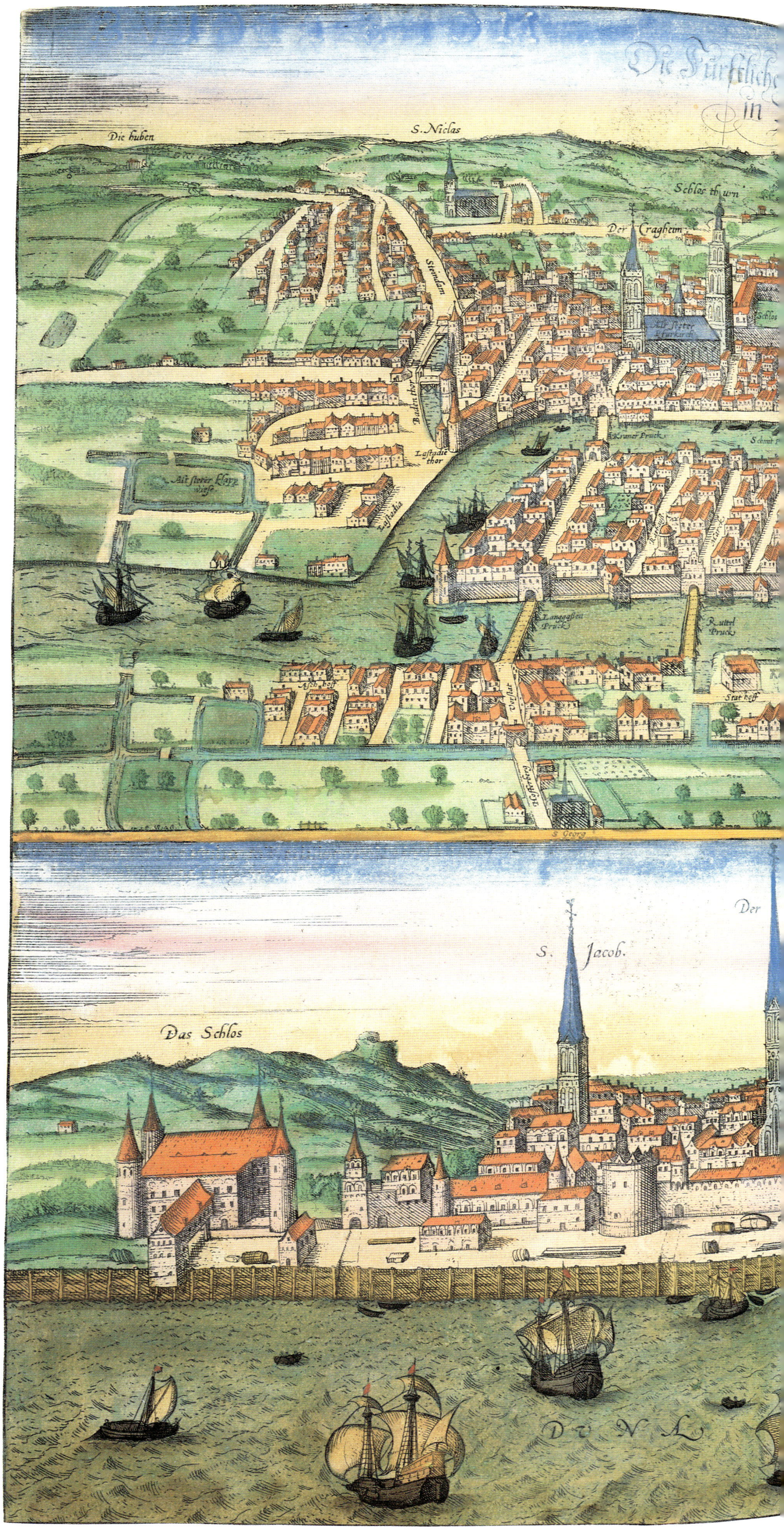

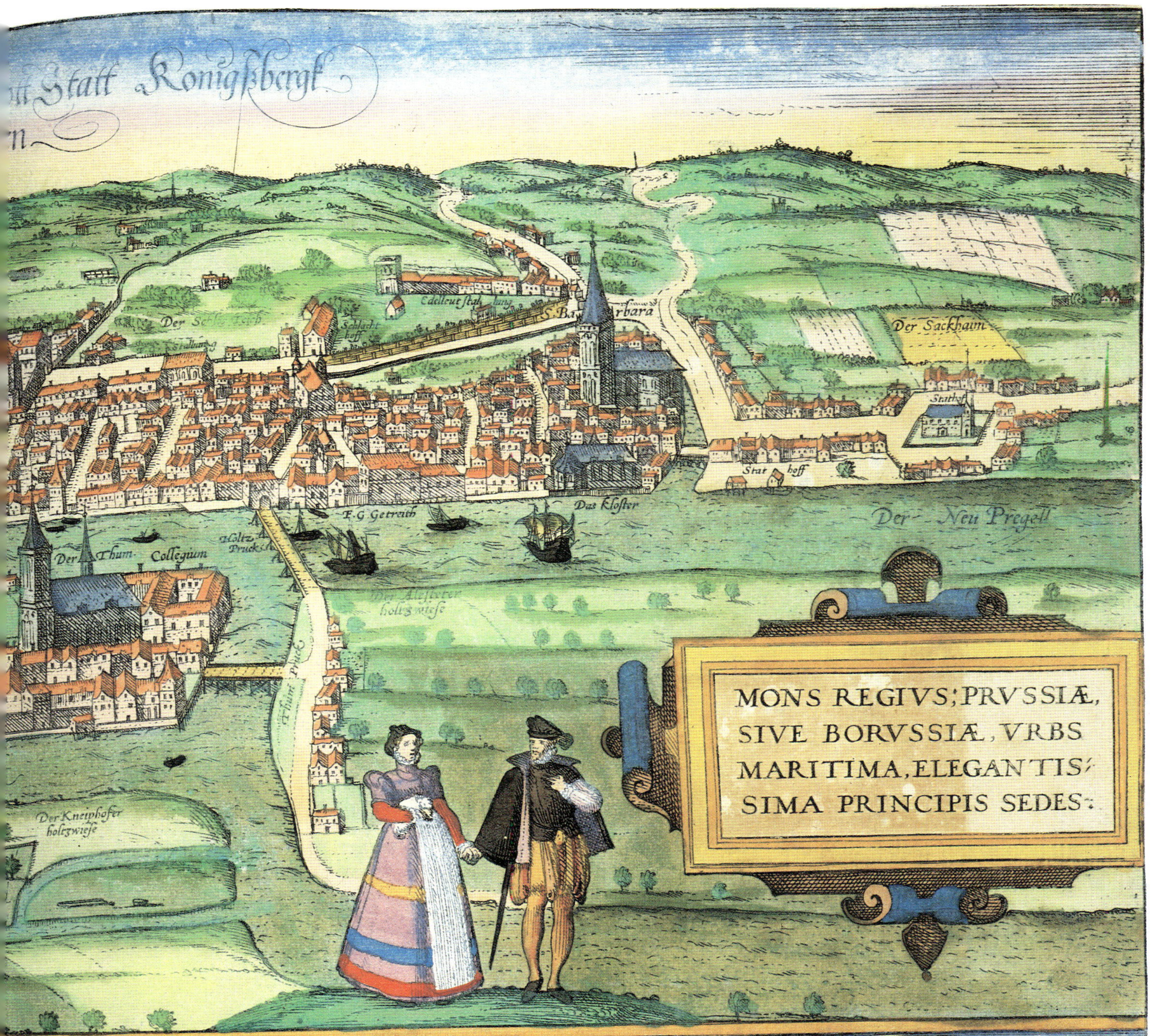

Riga, die Hauptstadt Lettlands, wurde 1201 von deutschen Kaufleuten unter Bischof Albert von Livland während der baltischen Kreuzzüge gegründet, einige Kilometer flußaufwärts der Mündung der Düna. Hier hatte sich eine kleine Wikingersiedlung befunden mit Warenspeichern oder *riji*, dem lettischen Plural für Scheune *(rija)*.
1207 wurde Riga Hauptstadt des Fürstentums Livland und Sitz Erzbischof Alberts, 1225 freie Reichsstadt. Ein Hansekontor wurde 1279 eröffnet, und 1282 wurde Riga volles Mitglied des Hanseatischen Städtebundes.
Die Stadt hatte bald 3000 Einwohner, viele davon wie in Königsberg deutsche Kaufleute. Sie betätigten sich nicht nur im gewinnbringenden Holzhandel, sondern führten auch Getreide – Weizen, später Roggen–, Bernstein, Wachs, Honig, Häute, Pelze, Stockfisch und andere Güter aus, die die Handelsgrundlagen der Stadt bildeten, wie man auf dem Stich anhand der Waren, die am Kai gestapelt sind, erkennen kann. Dank seiner den gesamten Handel von Litauen und Livland beherrschenden Lage an der Düna kam Riga in seiner Bedeutung in der Hanse gleich hinter Nowgorod mit seinen großen Märkten im Osten. 1290 gab sich die Stadt die für damalige Zeiten liberale Verfassung Hamburgs, die der einer modernen Stadtrepublik ähnelte und deutschen Kaufleuten und Siedlern gleichermaßen bestimmte Rechte verlieh.
Riga wies gemäß seiner Bedeutung viele hervorragende Gebäude auf, vor allem den hohen Turm des Pètertorní, des Doms, der 1491 errichtet wurde, und die Deutschordensburg, die auf der linken Seite des Stichs zu erkennen ist. Trotz der einschneidenden Veränderungen in jüngerer Zeit blieb viel vom ursprünglichen Charakter Rigas erhalten, der es heute zu einer der schönsten Städte im Baltikum macht.

TAFEL 26

KØBENHAVN (KOPENHAGEN)

Hafnia. Hafnia Kopenhagen Urbs Daniae primaria qua se terra marique conspiciendam exhibet. Anno Salutis M. D. LXXXVII. 1588.

Band IV, Nummer 28 (326 x 475 mm). Nach Heinrich von Rantzau (1587).

Kopenhagen findet erstmals 1043 als kleines Fischerdorf Erwähnung. Das blieb es, bis Waldemar I. diesen Teil Sjaelands Axel Hvide schenkte, auch als Absalon, Bischof von Roskilde, bekannt. 1043 wurde ein Schloß auf dem Slotholmen erbaut, wo heute Christiansborg steht. Die Siedlung um das Schloß zog viele Kaufleute, Händler und Handwerker an und wurde, so *Saxo Grammaticus* um 1200, als *Portus mercarum* (Kaufmannshafen, dänisch: Kaupmannahöfn oder Køb-mændens havn) bekannt. 1186 erhob Bischof Absalon Burg und Siedlung mit der angrenzenden kleinen Insel Amager zum Bistum Roskilde. Mit der wachsenden Bedeutung des Hafens waren die dänischen Könige natürlich bestrebt, die Siedlung als Festung wiederzugewinnen. Erik IV. vertrieb 1245 Bischof Niels Stigson, doch nach Eriks Tod fiel die Stadt wieder an Bischof Jakob Erlandsen, der ihren Bürgern 1254 in einer ersten Charta das Stadtrecht verlieh, die 1286 von Papst Urban III. bestätigt wurde. Darin werden weder Handel noch Zünfte erwähnt, und diese wurden durch einen Erlaß des Bischofs Johan Kvag 1284 sogar verboten. Während des ganzen Mittelalters gab es in der Stadt keine Zünfte, und jeder Bürger hatte das Recht, nach Belieben ein Handwerk auszuüben. Obwohl später Zünfte eingeführt wurden, waren sie nie frei von strenger Kontrolle und wurden zeitweise unterdrückt.

Die Entwicklung Kopenhagens wurde zurückgeworfen, als Lübeck es 1248 angriff, gefolgt 1259 von Jaromir von Rügen. Ein Angriff der Norweger konnte 1306 abgewehrt werden. Die Hanse bemühte sich vergebens, einen *hof* (Kontor) einzurichten. Viele Versuche wurden unternommen, Kopenhagen aus dem Bistum Roskilde herauszulösen, doch erst 1443 wurde es königliche Residenz und Hauptstadt Dänemarks, wobei seiner Bürgerschaft gleichzeitig das volle Stadtrecht verliehen wurde. 1523–1524 verteidigte Friedrich I., der Kopenhagen eingenommen und die Befestigungsanlagen mit einer Mauer und Wällen am Amager-Ufer verstärkt hatte, gegen Christian II. – so wirkungsvoll waren diese Verteidigunganlagen, daß die Stadt ein Jahr lang der Belagerung standhielt, bevor sie sich Christian III. 1536 ergab.

Mitte das 16. Jahrhunderts zählten Kopenhagens Einwohner um die 10000, damit war es die größte Stadt Skandinaviens. Der Stich zeigt zwei Ansichten der Stadt: die obere mit Blick von der Straße nach Roskilde westlich der Stadt, auf der unteren von Amager her. Sie zeigt Kopenhagen vor den ausgedehnten baulichen Erweiterungen durch Christian IV. (1588–1658) und seinen Nachfolgern. Feuersbrünste stellten damals eine große Gefahr dar. Schon Christian II. (1481–1559) hatte auf Bauvorschriften gedrängt, die eine gemischte Bauweise aus Stein und Holz vorschrieben. Heinrich von Rantzaus Darstellung zeigt Kopenhagen Ende des 16. Jahrhunderts, wie es sich noch immer um den Slotholmen herum konzentriert. Herausragende Gebäude sind die Vor Frue Kirke aus dem 12. Jahrhundert, die Petri Kirke (seit 1585 die Kirche für die deutschen Kaufleute), die St. Nikolaj Kirke und das alte Schloß auf Slotholmen.

TAFEL 27

KÖLN

Colonia Agrippina. 1571.
Band I, Nummer 38 (330 x 475 mm). Nach Arnold Mercator (1571).

Köln wurde 50 v. Chr. von Claudius als Stadtkolonie gegründet und nach seiner Gattin Agrippina benannt. Der Plan zeigt deutlich die verschiedenen Wachstumsphasen vom nahezu rechteckigen römischen Stadtgrundriß bis zum bogenförmigen Halbkreis der Stadtmauern von 1200.

Die erste Ausdehnung der römischen Siedlung von 980, die Rheinvorstadt, erstreckte sich bis zum Rheinufer. 1106 folgten drei weitere Vorstädte, und 1180 war die Ausdehnung erreicht (ca. 560 Hektar), die die mittelalterliche Stadtmauer nach ihrer Fertigstellung 1210 eingrenzte. Bis 1882, als sie niedergerissen wurde, stellte sie die Gemarkung Kölns dar. Auf dem Plan kann man große Flächen erkennen, die für Äkker und Gärten reserviert waren, vor allem auf der Südseite rechts.

Kölns Größe gründete auf seinem Handel; Wein und Hering waren die hauptsächlichen Handelsgüter. Seine Weber waren für ihr Tuch berühmt, dessen Export der Stadt einträgliche Steuern einbrachte. Auch die Gold- und Waffenschmiede Kölns waren in ganz Europa bekannt. Als sich Köln 1201 der Hanse anschloß, war seine Macht so groß, daß es das Zentrum für ein Drittel der gesamten Hanse darstellte.

Trotz vieler Fehden mit den Erzbischöfen waren die Bürger Kölns treue Anhänger der katholischen Kirche. Davon zeugt die große Anzahl Kirchen, die im alten Stadtgebiet errichtet wurden, darunter die älteste, St. Maria im Capitol, die 1049 von Papst Leo IX. geweiht wurde, der Dom, mit dessen Bau Erzbischof Konrad (1238-1261) be-

gann, der aber erst 1880 fertiggestellt wurde, St. Severinus (1220), St. Andreas (1414) und Groß St. Martin (10. bis 12. Jahrhundert), um nur einige zu nennen. Köln hatte so viele Kirchen, daß es den Beinamen „Heilige Stadt" erhielt.

1389 wurde die Universität gegründet, und während des 15. Jahrhunderts schrieben sich dort tausend Studenten oder mehr ein, manche aus so fernen Ländern wie Schottland und Skandinavien. Die Universität verlor an Bedeutung, als sich die Katholische Kirche den Einflüssen der Reformation entgegenstellte, und wurde nach der Gründung der Universität in Bonn (s. dort) während der Revolutionswirren 1798 letztendlich geschlossen.

Intoleranz ruinierte auch beinahe die Wirtschaft der Stadt, als die Vertreibung der Juden 1414 und die Verweigerung der Bürgerrechte für Protestanten den Handel fast zum Erliegen brachte. Dazu trugen auch die Erschließung neuer Handelsstraßen bei, die Köln nicht mehr berührten, die Gilden und Stände, die zu korrupten Vereinen verkommen waren, der Krieg mit den Niederlanden, der Dreißigjährige Krieg und der Spanisch-österreichische Erbfolgekrieg. 1794, als die Franzosen die Stadt besetzten, zählte Köln gerade 40 000 Einwohner, und nur 6 000 davon besaßen das Bürgerrecht.

Zu den bedeutenden weltlichen Bauwerken aus der Zeit, als der Stich Mercators entstand, gehören der Gürzenich, der 1441-1447 für festliche Anlässe gebaut wurde, und das Rathaus (hier Raidhaus) aus den Jahren 1407-1414, errichtet auf den Grundmauern des römischen Kastells. Im Rathaus befand sich auch der Hansesaal, in dem der erste Hansetag, die Vollversammlung des Hanseatischen Städtebundes, am 19. November 1367 stattgefunden haben soll.

TAFEL 28

LEIDEN

Leijda, Batavorum Lugdunum, vulgo Leÿden . . . Anno parte salutis M D LXXIII. 1575.

Band V, Nummer 25 (340 x 465 mm). Wahrscheinlich nach Jan van Lieferinck (1574).

Leiden – wie auch seine Rivalin Dordrecht (s. dort) – ist eine alte Stadt. Sie weist drei typische Merkmale des holländischen Städtebaus auf: *burcht, dijkstad* und *waterstadt*, und wurde an den Zusammenflüssen von Altem Rhein, Neuem Rhein und Mare gegründet.

Die Burg wurde irgendwann zwischen dem 10. und 11. Jahrhundert als Bergfried auf dem Hügel im Flußdreieck zwichen den Rheinarmen errichtet. Die Stadt, die sich in der Folge um sie herum entwickelte, war eines der frühesten Zentren der Grafschaft Holland und erhielt das Stadtrecht möglicherweise bereits um 1186. Sie diente als Zufluchtsort in Zeiten von Krieg oder Überschwemmungen. Die *burcht* wurde im 12. Jahrhundert weiter ausgebaut und befestigt.

Von frühester Zeit an war Leiden bevorzugte Residenz der Grafen; Wilhelm II. (1228) und Floris V. (1256) wurden hier geboren. Es spielte bald eine vorherrschende Rolle in der Kontrolle des Handels und Verkehrs zwischen den Städten und Dörfern entlang dem *strandwal* (Deich) hinter der Küste. Um 1300 hatte sich Leiden nach Süden über den Fluß ausgedehnt, wo die gotische St. Pieterskerk und die benachbarte gräfliche Residenz, Gravensteen, erbaut wurden. 1266 wurde mit dem Bau einer Mauer auf der Westseite der Stadt begonnen – die Rapenburg –, und 1294 wurde noch eine Vorstadt zwischen den Flußläufen östlich und südlich der *burcht* gegründet – die *waterstad*. Das durch Aufstauung gewonnene Neuland wird durch vier parallel verlaufende *grachten* markiert, die

die beiden Rheinarme verbinden.

Im 14. Jahrhundert erlebte Leiden einen raschen Aufschwung, sein Gewerbe und die jährlich stattfindenden Messen erlangten Berühmtheit. Die Wollindustrie profitierte von der Ankunft von Flüchtlingen aus Ypern in Flandern, die ihre Handwerkstradition mit sich brachten; sie siedelten sich im Oude Singelbuurt an.

Diese Tuchmacher, oft frühere Wollhändler, organisierten sich in speziellen Zünften, und der darauf folgende Aufschwung brachte neue Arbeiter nach Leiden. Auch für sie mußten Wohnungen geschaffen werden, und so wurde 1389 nördlich des Alten Rheins, in der Nähe der Vrouwekerk eine vierte Vorstadt jenseits der Rapensburg gegründet. Anfang des 15. Jahrhunderts waren in Leiden einhundert Tuchwebereien ansässig – es war eine der reichsten Städte Hollands geworden. Doch konnte es nie das Ausmaß des Wollhandels Brügges erreichen, auch nicht das jährliche Exportvolumen Englands. Ungeachtet dessen war Leidens frühe Tuchindustrie die größte in den Niederlanden jener Zeit. Um 1541 zählte es an die 15000 Einwohner, damit war es auch die größte Stadt Hollands. Doch bald wurde es von Amsterdam (s. dort) überrundet.

Der Plan zeigt die Pieterskerk, deren 120 Meter hoher Kirchturm 1512 in einem Sturm einstürzte. Auch die berühmte Universität kann man erkennen; sie wurde 1575 von Wilhelm dem Stummen und Janus Dousa, Vorkämpfer der holländischen Unabhängigkeit, in Anerkennung des entschlossenen Widerstandes Leidens gegen die Spanier gegründet. Wie es einer Universitätsstadt gebührt, wurde dieser Hort der Gelehrsamkeit auf einem idyllisch gelegenen und seiner Bedeutung würdigen Gelände entlang der Rapensburg angelegt.

TAFEL 29

LEIPZIG

Lipsiae insignis Saxoniae urbis et celeberrimi Emporii vera Effigies. Anno M.D.C.XVII. 1617.

Band VI, Nummer 17 (268 x 460 mm). Quelle unbekannt.

Mit diesem Stich wird Leipzig nochmals in den *Civitates* vorgestellt; zum erstenmal erschien es 1572 in Band I auf einem Stich zusammen mit Dresden. Diese neue perspektivische Ansicht von Leipzig, datiert 1617, zeigt eine Stadt mit engen Straßen und hohen Häusern entlang der vier Hauptstraßen: Grimmaischestraße, Peterstraße, Hainstraße und Katharinenstraße, die alle von ihrem jeweiligen Tor in der Stadtmauer auf das Rathaus zulaufen, das 1556 von Hieronymus Lotter erbaut wurde. Ganz in der Nähe liegt der Hof (um 1530), der durch Goethes Faust Unsterblichkeit erlangt hat, und die Pleißenburg, wo Martin

Luther 1519 seinen Disput hielt.

Vielleicht der geschichtlich bedeutsamste Faktor für Leipzigs Entwicklung waren seine berühmten Messen, die als Oster- und St. Michaelsmesse seit ungefähr 1170 abgehalten wurden und zu denen ab 1458 die etwas kleinere Neujahrsmesse hinzukam. Die Messen standen nach 1497 unter kaiserlichem Schutz, und ab 1507 untersagten strenge Erlasse das Abhalten von anderen Messen in einem Umkreis von fünfzehn Meilen um Leipzig herum. Häute, Pelze, Leder, Wolle, Tücher, Linnen, Glas und später Bücher wurden hierhergeschafft und auf den Messen feilgeboten. Auch Salz von Nord- und Westeuropa wurde nach Polen über die ostwestlichen Handelsstraßen befördert. Kaufleute aus den Niederlanden wurden im 16. Jahrhundert ermutigt, sich hier niederzulassen, und von Leipzig ging auch ein blühender Handel mit Hamburg (s. dort) und England aus.

TAFEL 30

LISBOA (LISSABON)

Olissippo quae nunc Lisboa, civitas amplissimae Lusitaniae, ad Tagum, totius Orientis, et multarum Insularum Aphricaeque et Americae emporium nobilissimum. 1598.
Band V, Nummer 2 (370 x 470 mm). Nach einer nicht genannten Quelle.
Lissabon verdankt seinen Namen dem alten Olisipo, manchmal Ulysippo genannt nach einer sagenhaften Stadt, die von Ulysses in Iberia gegründet wurde. Zu römischer Zeit, 205 v. Chr. bis 470 n. Chr., befand sich hier eine Stadtkolonie, danach wurde es bis 585 von Alarich und den Westgoten, anschließend von den Mauren beherrscht, die 711 eintrafen. Es verblieb unter maurischer Herrschaft bis 1147, als der erste König Portugals, Alfonso I., die Stadt eroberte.
Die Stadt wurde in früher Zeit auch Opfer häufiger Beutezüge der Normannen. Als Alfonso I. nach den Regionen Estremadura und Alentejo auch Lissabon in sein Königreich einbeziehen wollte, fiel die Stadt erst nach einer Belagerung von mehreren Monaten in seine Hände, bei der Alfonso von englischen und französischen Kreuzfahrern, die sich auf dem Weg in die Levante befanden, unterstützt wurde. Die moslemischen Armeen griffen die Stadt noch einmal 1184 an, wurden jedoch zurückgeschlagen. 1373 zerstörten kastilische Truppen einen großen Teil der Stadt, sie belagerten sie noch einmal vergebens 1384. Lissabon wurde

1390 Erzbistum und 1422 Sitz der Regierung. Im 16. Jahrhundert, nach der Errichtung des portuguiesischen Weltreiches in Indien, Fernost und Afrika, erlangte die Stadt großen Reichtum. Von 1580 bis 1640, während der Union Portugals mit Spanien, war Lissabon Provinzhauptstadt. Von hier aus segelte die Armada 1588 nach England. Das alte Lissabon aus römischer und maurischer Zeit erstreckte sich über die Südhänge des Burgberges und war als Alfama bekannt. Die maurische Zitadelle (Castello de São Jorge) wurde später zu einer Festung mit Kasernen umgebaut. Ursprünglich war auch die Kathedrale Sé Patriarchal, die Alfonso I. errichten ließ, eine Moschee; sie wurde 1334 von einem Erdbeben zerstört und 1380 wiederaufgebaut. Andere Gebäude auf dem Stich sind die Kirche São Vicente de Fóra, die sich, wie der Name andeutet, ursprünglich außerhalb der Stadt befand, die Kapelle Nossa Senhora do Monte aus dem 13. Jahrhundert und die Kirche Nossa Senhora da Graça aus dem 16. Jahrhundert. Die Stadtmauern, von Fernando 1375 errichtet, schließen den alten Teil der Stadt bis zum Hafen hinunter ein, flankiert von der heutigen Praça de Comercio. Mit dem regen Schiffsverkehr auf dem Fluß will der Künstler andeuten, daß Lissabon Zentrum eines riesigen Weltreiches war, wie von Papst Alexander VI. bestätigt wurde, als er Emmanuel I. (1495–1521) den Titel „Herrscher über Völker, Schiffahrt und Handel Indiens, Äthiopiens, Arabiens und Persiens“ verlieh.

TAFEL 31

LONDON

Londinum, feracissimi Angliae Regni metropolis. 1572.

Band I, Nummer A (335 x 485 mm).

Auf dem ersten Plan der Reihe der *Civitates*-Bände wird London im Originaltext beschrieben als „. . . eine sehr alte Stadt, die . . . in der Grafschaft Middlesex am Nordufer der Themse gelegen ist . . . Obwohl selbst groß, besitzt es schöne Vorstädte und ein mächtiges Schloß, Tower genannt. Prächtige Gebäude und einhundertundzwanzig Kirchen zieren die Stadt. Eine Steinbrücke führt über den Fluß zum Südufer. Sie . . . wird von vielen Bögen gestützt. Auf beiden Seiten der Brücke befinden sich kleine Häuschen, so daß sie nicht wie eine Brücke aussieht, sondern wie eine schöne Straße . . . Man findet wunderbaren Reichtum und Überfluß aller Art und Waren vor, die auf dem Fluß Themse aus aller Welt hierhergeschafft werden . . ."

Dieser erste, auf einem einzelnen Blatt zusammengefaßte Stadtplan Londons entstand nach einem zwanzigteiligen Plan, der verlorengegangen ist. Nur noch zwei Kupferstiche des Stadtteils Finsbury und der City sind davon erhalten, von denen man annimmt, daß sie zwischen 1547 und 1559 entstanden.

In der vorliegenden Form ist es der bekannteste Stadtplan Londons aus der Tudorzeit; er gibt eine ausführliche Darstellung der City, Westminster und Southwark um 1550 wieder. Deutlich wird, daß die Stadtmauern das bebaute Gelände nicht mehr umschließen – London hatte bereits eine Bevölkerung von weit über 200 000 – Portsoken, Bishopsgate, Cripplegate, Aldersgate

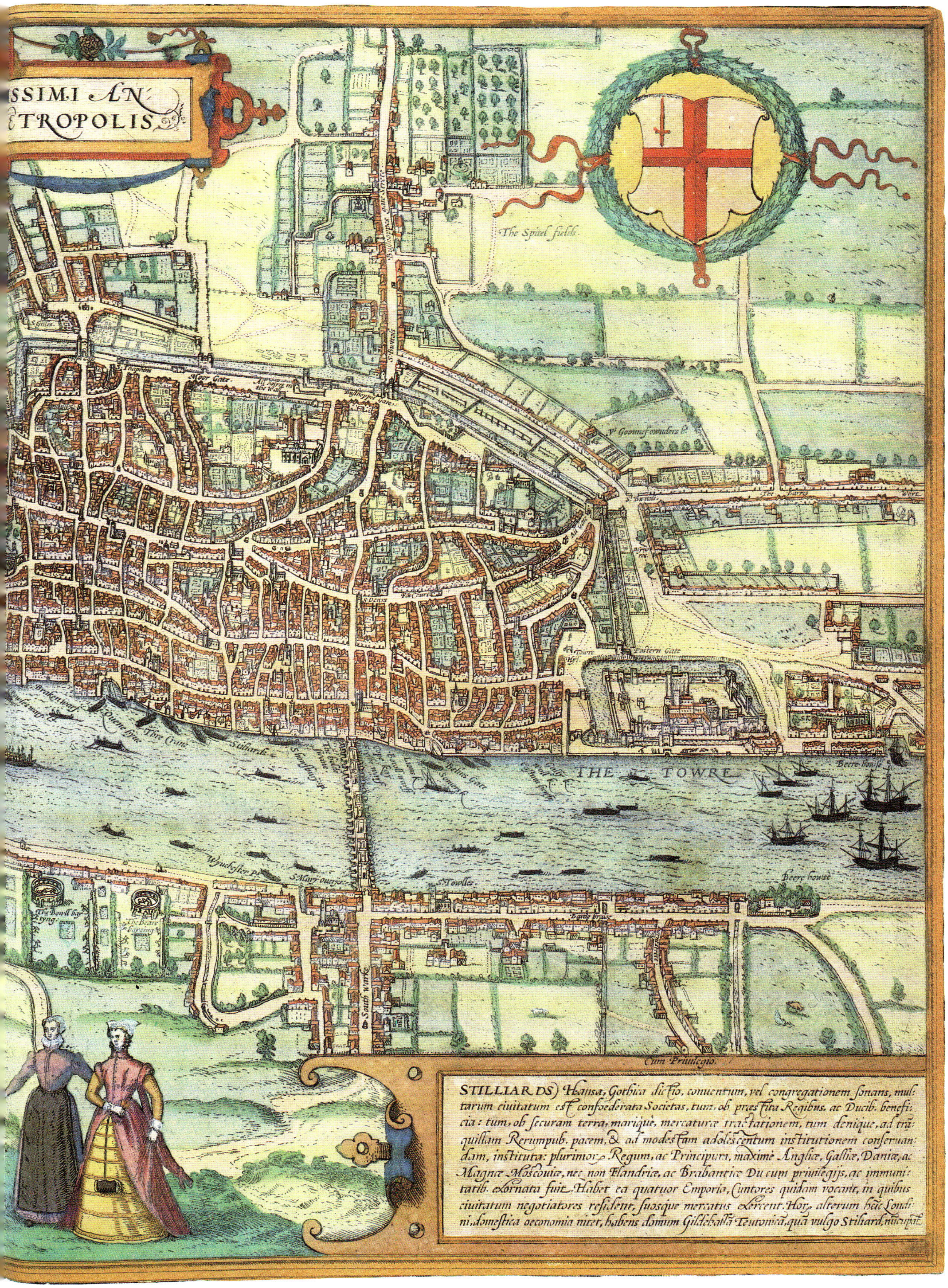

und Farringdon liegen jenseits der Stadtmauer. Die Gärten der großen Häuser und Paläste südlich des Strand zwischen der City und Westminster dehnen sich in Richtung Charing Cross aus und verbinden die City der Kaufleute mit dem königlichen Hof zu Westminster.

Southwark auf dem gegenüberliegenden Ufer der Themse wurde 1550 nach dem Kauf von drei königlichen Gütern offiziell Teil Londons: Mit seinen Theatern und öffentlichen Vergnügungsstätten kam es in späteren Zeiten etwas in Verruf und widersetzte sich mehreren Versuchen, die öffentliche Ordnung herzustellen. Unmittelbar westlich der Stadtgrenze kann man die Kampfarenen erkennen, wo Stiere und Bären zur Volksbelustigung aufeinander gehetzt wurden.

Obwohl 1572 erstmals veröffentlicht, muß angemerkt werden, daß die topographischen Einzelheiten dieses Plans aus früherer Zeit stammen, da er die St.-Paul's-Kathedrale (Bildmitte) noch mit dem hohen Turm zeigt, der 1561 zerstört wurde. Die beiden Texttafeln neben den kostümierten Personen am unteren Rand des Stiches beschreiben die Handelsaktivitäten Londons und unterstreichen die Titellegende in Latein, die übersetzt in etwa lautet: „Hauptstadt des höchst fruchtbaren Königreiches England". Die Texttafel auf der rechten Bildseite enthält eine Beschreibung des halbbefestigten Steelyard (Stahlhof) westlich der London Bridge, in dem sich das Kontor der Hanse in London befand und das von besonderem Interesse für die deutschen Leser der *Civitates* war, da die Hanse in London Privilegien innehatte bis zu deren Widerruf durch Elizabeth I.

TAFEL 32

LYON

Lugdunum. 1572.
Band I, Nummer 10 (330 x 480 mm). Wahrscheinlich nach Balthasar van den Bosch (1550).
Auf einer schmalen Landzunge über dem Zusammenfluß von Rhône und Saône erbaut, stand Lyon bereits in gallischer Zeit unter fremdem Einfluß, als die Segusier die Ansiedlung einer kleinen griechischen Kolonie 59 v. Chr. gestatteten. Sie nannten sie nach ihrem gallischen Namen Lugdunum. 43 v. Chr. brachte der Römer Lucius Munatus Plaucus Siedler nach Fourvière. Unter den Römern war Lyon Ziel- und Ausgangspunkt der Straßen Galliens – eine Rolle, die es auch heute noch unter den natürlichen Verkehrswegen zwischen Nord- und Südfrankreich einnimmt.
Nach dem Zusammenbruch des römischen Imperiums wurde Lyon 478 Hauptstadt des Königreiches Burgund. Weltliche, päpstliche und kirchliche Machtkämpfe bestimmten entscheidend die Entwicklung der Stadt. Hier wurde Papst Clemens V. 1305 gekrönt, und die Wahl Johannes XXII. fand hier 1316 statt. Die Protestanten nahmen 1562 Lyon ein, und in der zweiten Hälfte des 16. Jahrhunderts, während der sogenannten Religionskriege, erlebte Lyon die Rache für das Massaker der Bar-

tholomäusnacht vom 24. August 1572.
Der Stich zeigt eine offensichtlich friedliche und blühende Stadt, mit belebten Uferkais, von fruchtbaren und zahlreichen Gärten und Äckern umgeben. Einen großen Teil seines Reichtums zog Lyon aus dem traditionellen Seidenhandel, der sein Bestehen hauptsächlich dem königlichen Privileg und einem Monopol verdankte, das 1450 von Karl VII., der Weber von Lucca, Genua und Venedig nach Lyon angeworben hatte, verbrieft worden war. Neue Stoffarten wurden entwickelt: Seide verwebt mit Wolle oder mit Gold- oder Silberfäden, Glanzseiden, Samtstoffe und andere mehr. Über 9000 Webstühle standen in der Stadt, deren Zahl im 17. Jahrhundert auf 12000 anstieg. Auch der Buchdruck spielte eine große Rolle: Melchior und Gaspar Trechsel druckten hier zwischen 1535 und 1541 zum Beispiel Folioausgaben solcher Werke wie Ptolemäus' *Geographia*.
Die großen Handelsmessen Lyons stellten eine wichtige Verbindung zwischen den Kaufleuten der Hanse, Venedigs und des Mittelmeerraums dar. Während des 16. Jahrhunderts wird von Beziehungen zu Städten berichtet wie London, Antwerpen, Mailand, Venedig, Genua, Florenz, Neapel, Sevilla und Barcelona.

TAFEL 33

MARSEILLE

Marseille. 1575.
Band II, Nummer 12 (320 x 355 mm). Wahrscheinlich nach Sebastian Münster (1575).
Marseille kann sich rühmen, die älteste Stadt Frankreichs zu sein. Die griechische Kolonie Massalia wurde ca. 600 v. Chr. von Händlern aus Phokaia in Kleinasien gegründet, doch wahrscheinlich hatten die Phönizier das Gebiet schon lange vor ihnen besiedelt. Die große Rivalin der neuen Siedlung war Karthago an der nordafrikanischen Küste; während der Punischen Kriege, die 146 v. Chr. mit der Zerstörung Karthagos endeten, war Marseille mit Rom verbündet. Unter der römischen Herrschaft schien Marseille vergleichsweise geringes Ansehen besessen zu haben, trotz Ciceros Bemerkung, daß ohne die Hilfe Marseilles „Rom nie über die transalpinen Völker triumphiert hätte".
Etwa um das 3. Jahrhundert fand die Christianisierung Marseilles statt. Die Stadt wurde mehrmals hintereinander von Eindringlingen erobert, doch ab dem 10. Jahrhundert stand sie unter gräflichem Schutz. Anfang des 13. Jahrhunderts wurde Marseille Republik, regiert von einem Rat, dem zuerst ein *podestat* vorstand, später ein Bischof.
Die Kreuzzüge brachten Reichtum nach Marseille, obwohl die Konkurrenz von Pisa, Genua und Venedig (s. dort) groß war. Eine Zeit der Unabhängigkeit ging zu Ende, als Karl von Anjou, Graf der Provence, Marseille zuerst 1245 und dann 1252 seiner Herrschaft unterstellte. Befestigungsanalagen wurden um 1300 gebaut, sie umschlossen die Stadt an die vierhundert Jahre lang. Noch einmal wurde sie 1423 von Alfonso V. von Aragon erobert, doch erholten sich Gewerbe und Handel rasch da-

nach und erhielten sich ein gewisses Maß an Unabhängigkeit nach der Eingliederung mit der Provence 1481 ins Königreich Frankreich.
Der Stich zeigt einen Hafen, der von Festungen verteidigt wird – die Forts St. Jean auf der Nord- und St. Nicolas auf der Südseite; quer über die Hafenmündung ist eine Kette gespannt. Wenig zeugt von der griechischen und römischen Vergangenheit, und nur wenige Gebäude aus dem frühen Mittelalter überdauerten. Am bemerkenswertesten ist die Kathedrale aus dem 12. Jahrhundert, La Major (Sainte-Marie-Majeure). Im Süden, nahe dem Fort St. Nicolas, erkennt man die Kirche St. Victor aus dem 13. Jahrhundert, in der darunterliegenden Krypta aus dem 5. Jahrhundert soll der heilige St. Lazaire gehaust haben.
Das Zentrum der alten Stadt ist durch die Türme der alten Kirche von Accoules gekennzeichnet. Hier ist auch Nôtre-Dame du Mont Carmel, an der Stelle, wo früher die Zitadelle von Massalia stand.
1535 öffnete ein Abkommen zwischen Frankreich und den Türken Marseille das Tor zum einträglichen Nordafrika- und levantinischen Handel, und es gelangte rasch zu großer Blüte. Dank seiner Lage am Ende der Straße durchs Rhônetal via Lyon (s. dort) war Marseille der ideale Umschlaghafen für aus England importierte Tuche. Der französische Handel mit der Levante bestand hauptsächlich aus Baumwolle, die aus Syrien und Kleinasien eingeführt wurde, dazu Wolle aus Albanien und Mazedonien, Seide von den Herstellern von Beinkleidern der Provence, Häuten aus Nordafrika sowie Olivenöl, Weizen und Kaffee. Auf dem Stich sind deutlich Segelschiffe aus der Levante zu erkennen, die sich dem Hafen nähern, hinter dem ein Seine-Netz abgebildet ist, eine Art Schleppnetz, das auch heute noch im Mittelmeer verwandt wird.

TAFEL 34

MILANO (MAILAND)

Mediolanum. Mediolanum Metropolis, vulgo Milano. 1572.
Band I, Nummer 42 (335 x 480 mm). Nach Antonio Lafteri (ca. 1560).
Mailand, das Mediolanum der Kelten, wurde 222 v. Chr. von den Römern erobert und blieb in römischer Hand bis ins 5. Jahrhundert. Die römische Siedlung nahm eine Fläche von 549 Quadratmetern ein. Sie wurde nicht an einem großen Fluß gegründet, war aber durch Kanäle mit dem Comer See, dem Po, der Adda und anderen Flüssen verbunden. Von der römischen Periode an dehnten sich die Stadtmauern immer weiter aus, so daß es schließlich neun Jahre dauerte, bis die neuen Befestigungsanlagen von 1200 fertiggestellt waren. Nach dem Tod Friedrichs II. 1250 und dem Zusammenbruch der kaiserlichen Macht schien Mailand zur bedeutendsten Stadt Italiens aufgestiegen zu sein. Um 1260 war es mit Sicherheit die reichste und mächtigste.
Das Zentrum der frühen römischen Siedlung, auf dem Stich kaum zu erkennen, befand sich ungefähr dort, wo Il Duomo, der Dom, mit dessen Bau 1386 begonnen wurde, zu sehen ist.
Als einem der größten Sakralbauten Europas finden in ihm 40000 Personen Platz, und die Piazza del Duomo bildet auch heute noch das Zentrum Mailands, von dem aus die Straßen sternförmig in alle Richtungen verlaufen. Das große Kastell, Castel Sforzesco, liegt im Norden der Stadt. Es wurde von Francesco Sforza 1450 auf dem Gelände der früheren Burg erbaut, die von Galeazzo II. Visconti errichtet und 1477 zerstört wurde. Von

1287 an übte die Familie der Visconti ihre tyrannische Herrschaft über die Stadt aus. Ihr Kastell diente ihnen zum Schutz gegen innere Feinde genauso wie gegen äußere. Als die Franzosen Mailand zwischen 1499 und 1525 besetzten, fürchteten sie am wenigsten einen Volksaufstand. Auch die Spanier nicht, die die Stadt 1536 besetzten und bis 1706 blieben. Im 15. Jahrhundert arbeitete Leonardo da Vinci von 1483 bis 1499 im Auftrag Ludivico Sforzas an der Modernisierung Mailands, das immer wieder von der Pest und anderen Seuchen heimgesucht wurde. Unter Sforza, dem „Emporkömmling auf dem Thron der Stadt . . . und zu Zeiten der Pest, die die Bevölkerung Mailands 1484–1485 dezimierte, gab man Leonardo da Vinci die Gelegenheit für Maßnahmen, die Stadt und ihr veraltetes Abwassersystem zu sanieren". Leonardos Absicht war es, eine gesunde Stadt zu bauen, indem er sie in zehn Bezirke zu je 5000 Häusern zusammenfaßte, die von der Stadtmauer von ca. 1200 umschlossen wurden. Leonardos ganz persönliche Vorstellungen sind wohl besser zu erkennen in seinem *Codex Atlanticus*, in dem er Pläne für eine ideale Stadt entwirft, frei von Schmutz und Krankheit, mit einem idyllischen Fluß und Kanälen, die die Landschaft weder zu überfluten noch auszutrocknen drohen, und mit Straßen, deren Breite der durchschnittlichen Höhe der Häuser entspricht und so Licht und Luft hereinlassen. Leonardo war jedoch seiner Zeit weit voraus, und bis zum Ende der österreichischen Besatzung und der Vereinigung mit Italien im Jahre 1870 wurde kein Versuch unternommen, den Grundriß Mailands zu verändern.

TAFEL 35

MOSKVA (MOSKAU)

Moscauw. Moscovia, Urbs regionis eiusde nominis metropolitica. 1575.
Band II, Nummer 47 (350 x 495 mm). Nach Sigismund von Herberstein (1547).
Die Ansicht zeigt die alte Stadt Moskau in und um den Kreml. Wie zu sehen ist, treffen hier zwei Flüsse aufeinander, die Moskwa und die Neglinnaja. Die letztere bildete einen Wassergraben um die Nord- und Westseite der Stadt.
1147 taucht der Name Moskau zum erstenmal in russischen Annalen auf, der Name *kreml'* (Hochstadt) in einem Bericht von einem Stadtbrand 1331. Bis 1367, als mit dem Bau der hölzernen Befestigungsanlagen begonnen wurde, trug die von einer Palisade umgebene Stadt den Namen *gorod* (eingezäunte Stadt).
Vor dem Wassergraben, den die Neglinnaja bildete, lag das

Händlerviertel, umgeben von einer Palisade, die später durch eine Steinmauer ersetzt wurde (1534–1538). Man nannte das Viertel deshalb Kitaj-Gorod, und es wurde zum Zentrum des Handels und zum reichsten, aber auch am stärksten bevölkerten Teil Moskaus.

Als Moskaus Bedeutung zunahm, wurde der Kreml Sitz weltlicher und religiöser Macht sowohl für die Stadt als auch für die sich ständig ausdehnenden Ländereien der Moskowiter. Fast vierhundert Jahre lang war Moskau die Hauptstadt Rußlands und Zentrum des russisch-orthodoxen Glaubens. Es spielte eine führende Rolle für die russische Literatur und die Künste sowie für den Handel des Landes.

Als Zar Peter I. 1713 seinen Regierungssitz nach St. Petersburg verlegte, verlor Moskau an Einfluß, wurde jedoch nach der Revolution von 1917 erneut Hauptstadt von Rußland.

TAFEL 36

MÜNCHEN

Monachium utriusque Bavariae civitas primar . . . Anno dom. M.D. LXXXVI. 1586.

Band IV, Nummer 43 (282 x 480 mm). Nach Joris Hoefnagel (1586).

Forum ad monachos (Feld bei den Mönchen) nannten die Mönche ihr Land, auf dem München, gegründet 1158 von Heinrich dem Löwen (1129–1195), Herzog von Sachsen und Bayern, erbaut wurde. Er wollte Gewinn ziehen aus dem einträglichen Salzhandel (die Salzstraße erinnert noch heute daran) zwischen Österreich, Süddeutschland, Schwaben und der Schweiz. 1255 machte Herzog Ludwig von Bayern München zu seiner Residenz, nachdem er eine Mauer errichtet und einen Graben darum gezogen hatte. Ein Brand zerstörte die Stadt 1327 fast völlig, doch auf Befehl Kaiser Ludwigs wurde sie wieder aufgebaut in der Form, die München bis ins 19. Jahrhundert beibehielt.

Die Ansicht zeigt München von jenseits der Isar mit Blick ungefähr nach Nordwesten auf die Doppeltürme der berühmten Frauenkirche (1466–1492), erbaut entlang der alten Stadtmauer aus den Jahren vor 1253, Wahrzeichen Münchens und seines damals bescheidenen Glanzes. Zu jener Zeit zählte der Teil der Stadt, der vom Alten Hof, der Peterskirche und der Frauenkirche begrenzt wird, wahrscheinlich 5000 bis 6000 Einwohner. Der Verlauf der Mauer folgte den Straßenzügen des Färbergrabens, Im Rosenthal, der Augustinergasse und so weiter und kann

auf alten Plänen nachverfolgt werden. Die sumpfige Flußaue schützte das Isarufer der Stadt. Zu sehen ist auch die Brücke über die Isar, die München mit Salzburg und Tirol verband.

Im 14. Jahrhundert wurde von Kaiser Ludwig, der 1328 bis 1437 regierte, eine neue Stadtmauer gebaut. Sein ehrgeiziges Vorhaben, München zur Hauptstadt des Heiligen Römischen Reiches zu machen, scheiterte allerdings. Die einzige Ausdehnung, die München bis 1789 erlebte, war die Erweiterung des Hofgartens im Nordosten der Stadt – zu sehen zwischen Bäumen rechts auf der Ansicht. Um die Straße (Im Thal Mariä Petri) und Gebäude vom Rathaus zum Marienplatz und der Isarbrücke zu schützen, wurden die Mauern bis zum Isartor ausgebaut. Im 15. Jahrhundert wurde diese Mauer durch eine äußere Bastion verstärkt und erst Anfang des 19. Jahrhundert abgetragen.

München verdeutlicht die Art, in der viele Städte Europas ausgebaut wurden, wenn sie zu eng geworden waren, um die wachsende Bevölkerung aufnehmen zu können. Bis weitreichende Artilleriegeschütze Stadtmauern nutzlos machten, wurden die Verteidigungsanlagen kreisförmig oder in Bögen vorgeschoben, die einfachste Art, das neue Gebiet einzuschließen.

München war von alters her berühmt für sein Kunsthandwerk – Bronzeguß, das Einfärben von Glas, Silber- und Goldschmiedearbeiten, Holzschnitzerei und die Anfertigung von wissenschaftlichen Instrumenten für die Mathematik und Astronomie.

TAFEL 37

NAPOLI (NEAPEL)

Haec est nobilis, & florens illa Neapolis, Campaniae civitas. 1572.

Band I, Nummer 47 (335 x 480 mm). Nach Antonio Lafteri (1566).

Schon immer war Neapel für seine Lage an der Bucht berühmt, die vom nur 13 Kilometer entfernten Vesuv überragt wird.

Neapel ist eine alte Stadt. Nach Livius wurde Palaeopolis (Alte Stadt) um 600 v. Chr. vom ungefähr 19 Kilometer westlich gelegenen Kymä aus, der ältesten griechischen Kolonie in Italien (um 800 v. Chr.), gegründet. 328 v. Chr. wurde Palaeopolis von den Römern geplündert, aus Rache für seinen Widerstand gegen die Besiedlung Kampaniens durch römische Verbündete und seine Weigerung, sich zu ergeben.

Im 5. Jahrhundert v. Chr. gründeten Kolonisten aus Griechenland selbst Neapolis (Neue Stadt) nach einem Grundriß im Kreuzmuster, der noch zu einem gewissen Maß auf dem Stich zu erkennen ist. Vielleicht waren sie beeinflußt von den Erkenntnissen des Hippodamus von Milet, dem griechischen Baumeister dieser Zeit, der ein besonderes Stadtplanungssystem einführte, das gerade, einander senkrecht kreuzende Straßen vorsah. Um 400 v. Chr. war die Stadt das wirtschaftliche Zentrum Kampaniens, und 82 v. Chr. wurde ihr das römische Stadtrecht (*municipium*) verliehen, als es sich ohne Widerstand – daher auch ohne anschließende Plünderung – Sulla ergab.

In späteren Zeiten wurde Neapel zu einer Art „Ferienoase" für den reichen römischen Adel – unter vielen anderen Lukullus, Piso, Pompejus, Cäsar und Vergil.

Wie in den meisten europäischen Städten setzte sich die Bürgerschaft Neapels aus einer Oberschicht von adeligen und reichen Kaufleuten, der *milizia*, einer erblichen Mittelschicht, und dem *populo*, der Unterschicht aus Handwerkern und Händlern zusammen; jede Zunft bewohnte eine Straße oder ein Viertel für sich. Auch fremde Kaufleute hatten ihre eigenen Viertel in der Stadt.

Während des 6. Jahrhunderts lag die Macht in den Händen der Bischöfe, im 8. Jahrhundert übernahmen die Herzöge diese Rolle. Nach dem 12. Jahrhundert wurde Neapel von verschiedenen fremden Mächten beherrscht. Obwohl sie gewissen Einfluß auf den Charakter der Stadt ausübten, schien wenig systematische Planung unternommen worden zu sein. Unter Alfonso II. aus dem Hause Aragon wurde ein ehrgeiziger Plan in Angriff genommen, die Stadt zu vergrößern, indem man den gitterförmigen Grundriß ausdehnte. Andere Maßnahmen schlossen die Beseitigung von Torvordächern, Ecken und vorstehenden Bauteilen ein sowie den Bau eines Aquädukts, von Brunnen und öffentlichen Plätzen an Straßenkreuzungen, den Wiederaufbau eines großen Gebäudes für die königliche Verwaltung und den der Befestigungsanlagen. Es ist zum großen Teil dieses Stadtbild aus der Zeit zwischen 1488 und 1499, das auf dem Stich zu sehen ist.

TAFEL 38

NEUSS, BONN, BRÜHL und ZONS

Novesium, vulgo Neuss . . . A[nn]o D[omi]ni M.D.L.XXV [mit] Verona, nunc Bonna, communiter Bonn . . . illustre 1573 [mit] Brula, vulari idiomate. Broell. 1573 [mit] Sontina, Zunss . . . 1575.

Band II, Nummer 33 (115 x 465 mm bzw. 104 x 470 mm, 102 x 225 mm, 102 x 228 mm). (1575; Quellen unbekannt).

Mehrere Tafeln der *Civitates*-Bände vereinen zwei oder mehr Stadtansichten; hier werden vier Städte gezeigt – Neuss, Bonn, Brühl und Zons. Die heute bekannteste ist natürlich Bonn, eine hübsche Kleinstadt, die zur Hauptstadt aufstieg.

Das Castra Bonnensia, wie es die Römer nannten, wird häufig von Tacitus erwähnt. Es war Ort einer heftigen Schlacht, in der die Batavier 70 n. Chr. die Römer besiegten. Das Kastell wurde ca. 359 von Julianus wiederaufgebaut, 899 von den Wikingern geplündert und 1238-1261 von dem Kölner Erzbischof Konrad von Hochstaden befestigt. Dessen Nachfolger, Engelbert von Falkenberg (gest. 1274) wurde 1265 aus Köln vertrieben und wählte Bonn zu seinem Amtssitz. Von 1265 bis 1794 war Bonn Residenz der kurfürstlichen Erzbischöfe von Köln. Mehrere beeindruckende Kirchen zierten die Stadt,

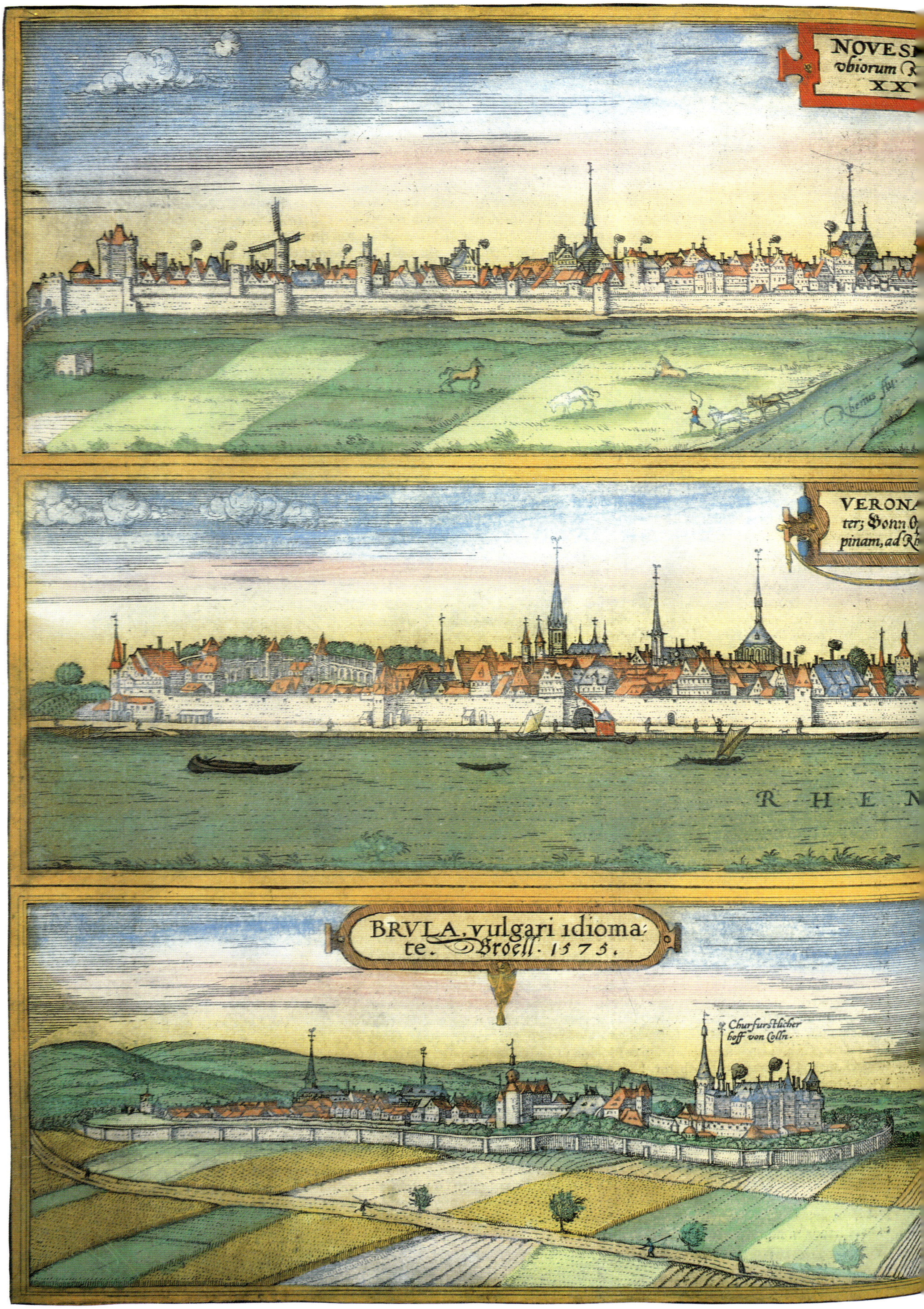

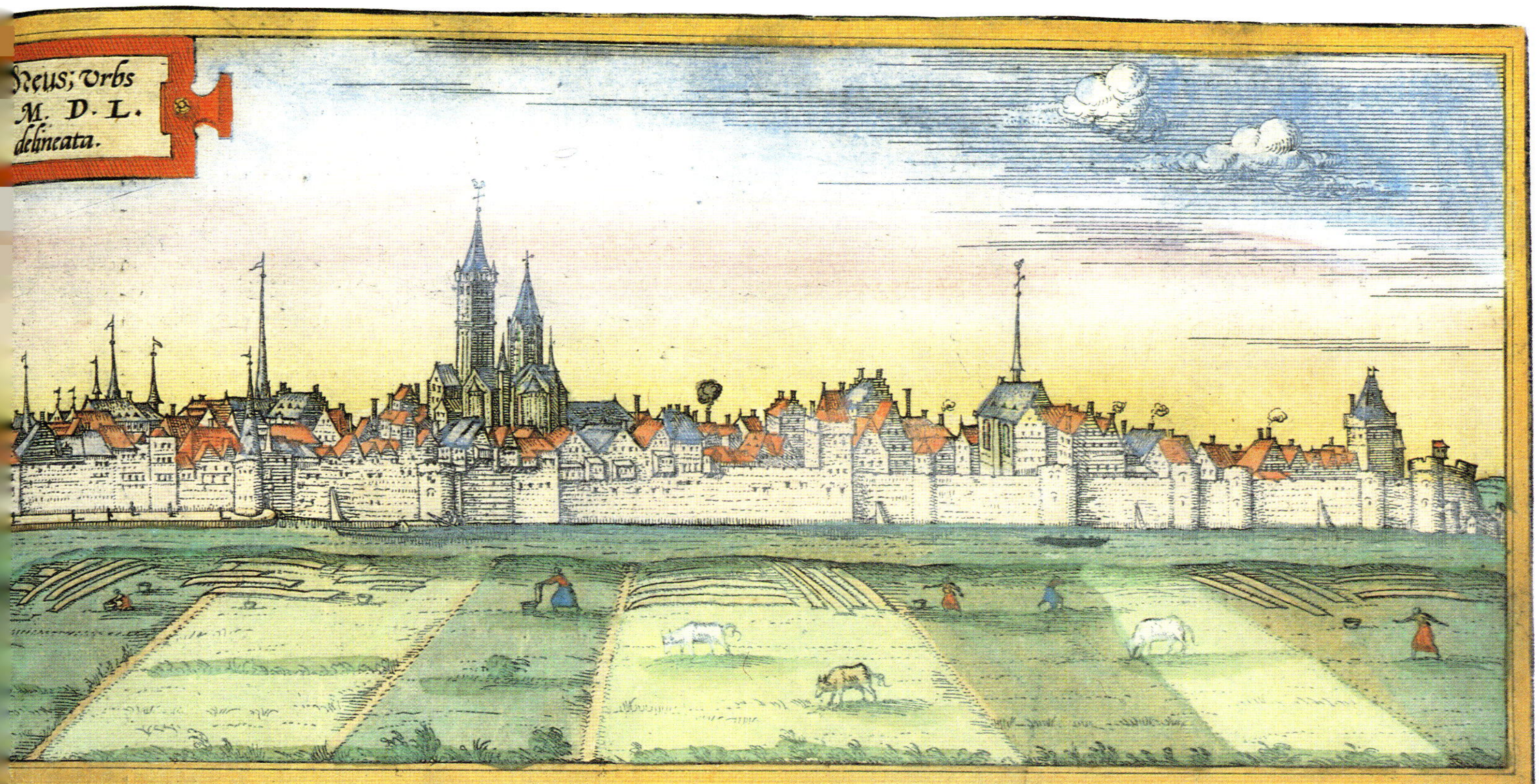

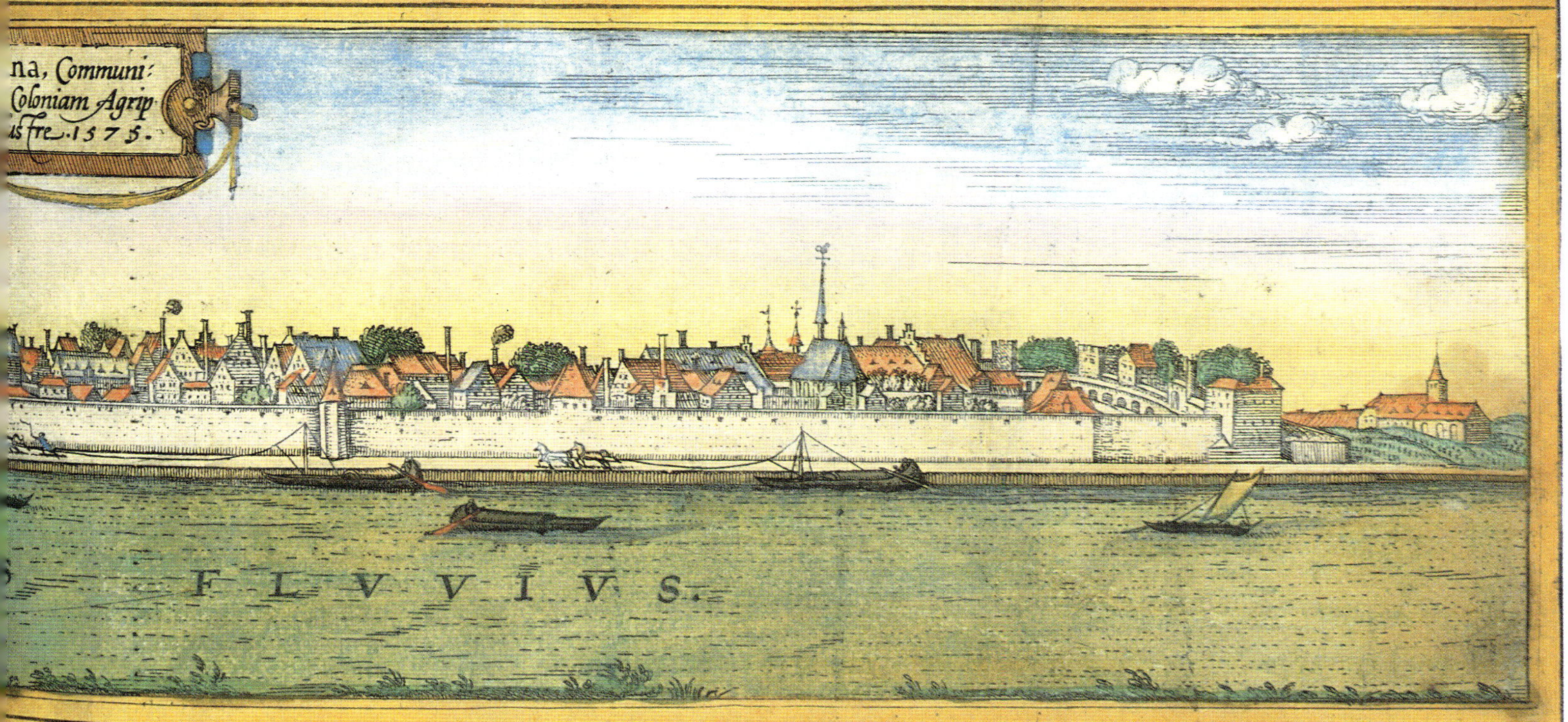

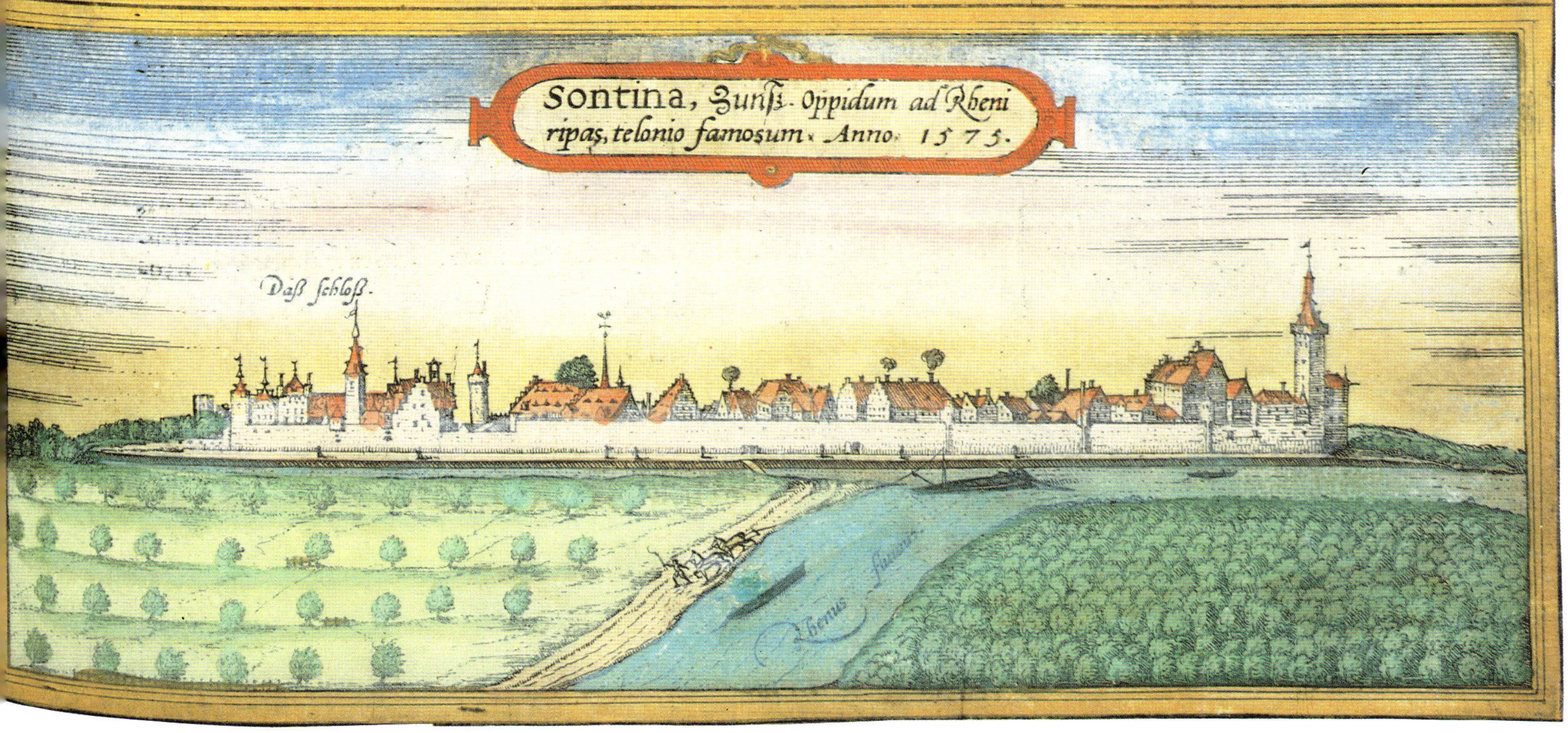

unter ihnen die Münsterkirche aus dem 11. bis 13. Jahrhundert und die Minoritenkirche, erbaut zwischen 1278 und 1318, um nur zwei zu nennen.

Neuss, das Novaesium der Römer, liegt wie Bonn am Ufer des Rheins. Drusus, Bruder des Tiberius, baute hier eine Brücke über den Fluß, das Drusustor, das zum Teil noch aus römischer Zeit stammt, erinnert daran. 1474–1475 belagerte Karl der Kühne von Bourgogne elf Monate lang die Stadt und verlor dabei 10 000 seiner Soldaten. 1584 wurde Neuss von Alexander Farnese erobert und geplündert, kurz bevor diese Ansicht veröffentlicht wurde. Ein Wahrzeichen der Stadt ist die Kirche St. Quirinus.

Die kürfürstliche Stadt Brühl (Stadtrecht 1285) war beliebte Residenz der Kurfürsten zu Köln; der Text auf der Tafel neben dem Schloß, das die Ansicht dieser mauerumschlossenen Stadt beherrscht, zeugt davon: „Churfurstlicher hoff von Colln". Im Hintergrund erhebt sich die Eifel.

Zons, heute ein Stadtteil Dormagens, wird erstmals im 7. Jahrhundert erwähnt und wurde 1373 zur Stadt erhoben. Deutlich zu erkennen ist die Rechteckanlage der Stadtbefestigung mit ihren vier Ecktürmen. Das Schloß, Sitz der Erzbischöfe, wurde zur Zitadelle ausgebaut und nahm ein Fünftel des Stadtgebiets ein.

TAFEL 39

NÜRNBERG

Nurnberg. Norenberga urbis nobilissima . . . Cornelius Chaÿmox . . . promovit. 1575.
Band II, Nummer 43 (305 x 490 mm). Nach Cornelius Chaÿmox.

Dies ist eine der schönsten Tafeln der *Civitates*. Sie wird ebenso für ihre Kostümabbildungen wie auch die topographischen Details Nürnbergs geschätzt. Der Blick fällt von Südosten her auf die Stadt, die zum erstenmal während der Regierungszeit Heinrichs III. 1040 erwähnt wird, als der Stadt vom Kaiser das Markt- und Münzrecht verliehen wurde.

Unter dem Schutz der Burg entstanden zwei kaiserliche Pfalzen, um die herum sich die Stadt bildete. Um die eine siedelte sich im 11. und 12. Jahrhundert die Gemeinde der kaiserlichen Verwaltungsbeamten an, die St. Sebald errichteten (geweiht 1274; ungefähr Bildmitte). Um die andere wuchs der Stadtteil der Händler und Handwerker, die St. Lorenz zu ihrem Schutzpatron wählten und ihm eine Kirche bauten, die während des 13. und 14. Jahrhunderts umgebaut wurde (linke Bildmitte).

Erst im 14. Jahrhundert findet der Stadtteil um St. Lorenz als *civitas* (Bürgerschaft) Erwähnung, während der Burgweiler um St. Sebald als *oppidum* (= Stadt) bekannt war. In beiden Stadtteilen lag jeweils ein Reichsstift – die Klöster St. Egidius bei St. Sebald und St. Jakobus bei St. Lorenz. Diese wurden von Heinrich IV. 1209 an den Deutschorden übergeben, in dessen Besitz sie bis 1803 verblieben. Sie waren die einzigen katholischen Enklaven in einer sonst protestantischen Stadt. Zwischen den beiden Stadtteilen, der Ober- und der Unterstadt, erstreckte sich die sumpfige Au der Pegnitz.

Später wurden hier Mühlen, Wohnhäuser und Brücken errichtet sowie ein Hospital, das Konrad Gross, der reichste Kaufmann und Bürgermeister der Stadt, stiftete. Nürnberg bestand so aus zwei Gemeinden, die zu einer Stadt zusammengefaßt waren. Die freie Reichsstadt entwickelte sich im Schatten der mächtigen Kaiserburg, die eine Länge von zweihundert Metern erreicht und bis zum zweiten Weltkrieg vollständig erhalten blieb.

Der Reichtum der Stadt erreichte seinen Höhepunkt im 16. Jahrhundert. Wie Augsburg (s. dort) war auch Nürnberg Vermittlerin im Handel zwischen Italien und Nordeuropa. Der Geschäftsverstand, das handwerkliche Geschick und der Erfindungsgeist seiner Bürger waren geradezu sprichwörtlich berühmt: „Durch Nürnbergers Hand geht alles im Land.“ Die dort ansässigen Familien von Kaufherren und Bankiers kontrollierten die Wirtschaft des Reiches Kaiser Maximilians in solchem Maße, daß die Stadt sogar ein 6000 Mann starkes Heer unterhalten konnte. Auf der Höhe seiner Macht konkurrierte Nürnberg mit Köln (s. dort) im Westen, und schon um 1400 soll es 20000 Einwohner gehabt haben.

Der Ruhm Nürnbergs liegt in seinem Anspruch, ein Hort deutscher Baukunst, Bildhauerei, Malerei und Druckkunst gewesen zu sein. Große Künstler wie Dürer und Wohlgemuth waren hier zu Hause, und in Nürnberg wurde Hartmann Schedels *Liber chronicarum*, das größte bebilderte Druckwerk der Weltgeschichte jener Zeit, von Anton Koberger 1493 gedruckt. Adam Krafft, Veit Stoß und Peter Vischer, die drei großen Bildhauer und Altarschnitzer, lebten hier sowie Wenzel Jamnitzer, der berühmte Silberschmied, und Hans Sachs, der in Wagners Meistersingern verewigt ist.

TAFEL 40

ODENSE

Civitatis episcopalis Othenarum sive Otthoniae, ut vulgo dicitur, Fioniae, insularum Daniae regni amoenissimae fertilissimaeque metropolis secundum . . . M D LXXXXIII. 1598.

Band V, Nummer 30 (321 x 470 mm). NachHeinrich von Ratzau (1593)

Odense wurde wahrscheinlich nach Odin, dem Gott der nordischen Sage, benannt. Als eine der ältesten Siedlungen Dänemarks geht es auf die Zeit vor den Wikingern zurück, von denen das einstige Wehrdorf Nonnebakken zeugt, das im Bildvordergrund als *locus Nundeborrig* bezeichnet ist.

Odense war Stätte der Wallfahrt zum Schrein von König Knud, der hier ermordet und 1101 heiliggesprochen wurde; 1020 wurde es Bischofssitz. Mit dem Bau des Doms (Buchstabe C auf dem Stich)

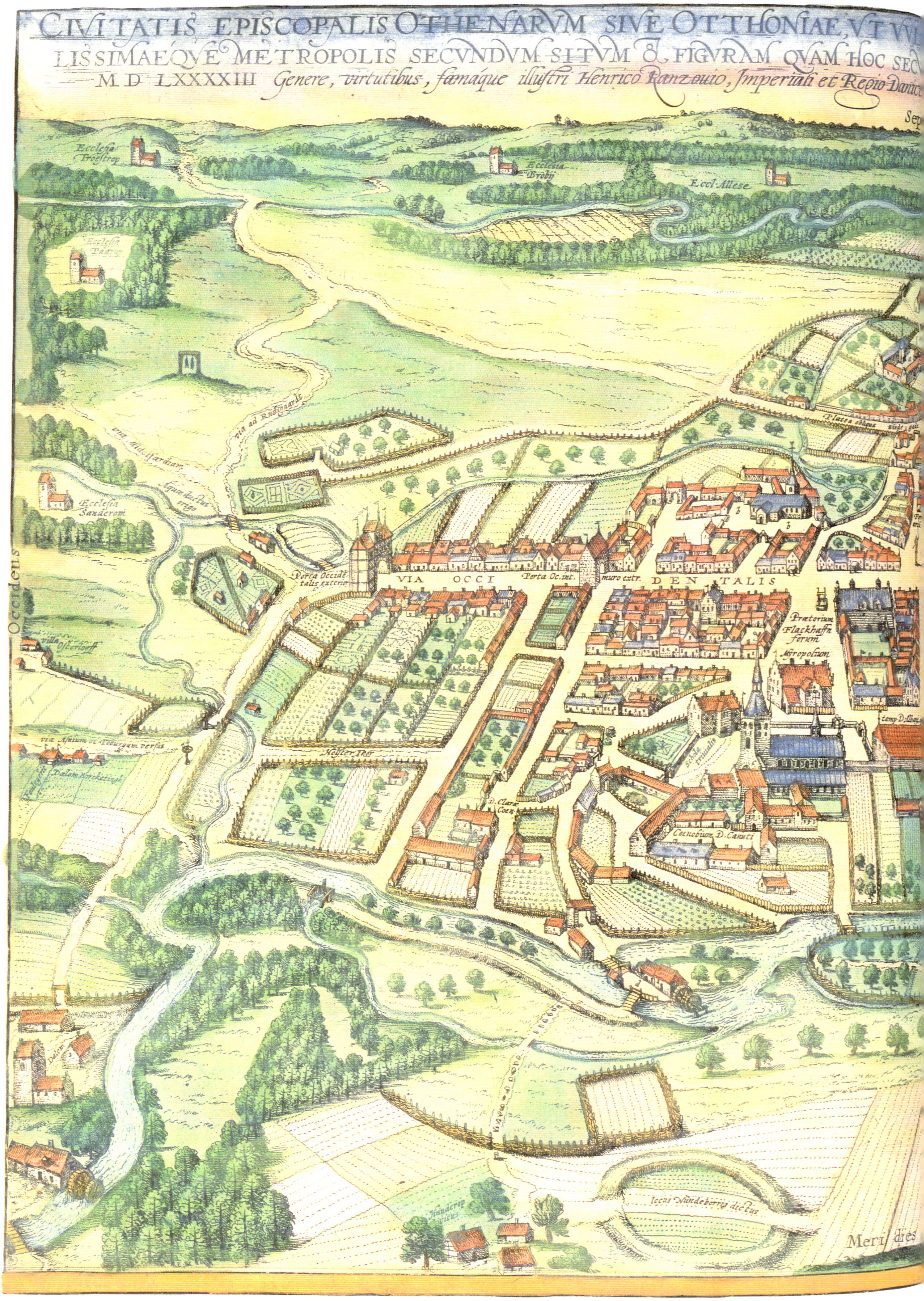

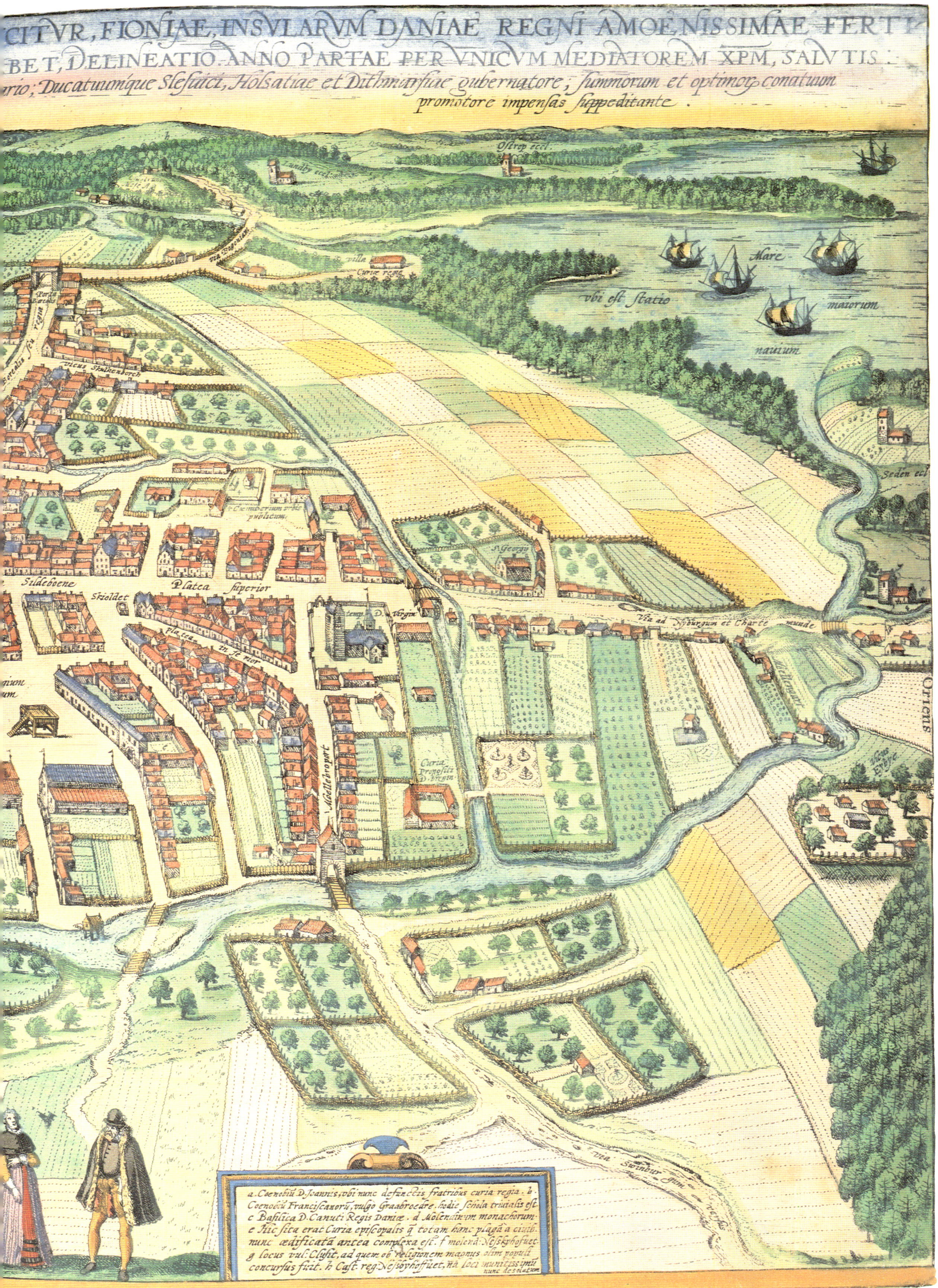

wurde im 13. Jahrhundert begonnen, im 15. Jahrhundert wurde er fertiggestellt; dort befindet sich der Schrein des Knud. In der Nähe des Doms liegen das Knud geweihte Kloster und die St. Albanikirke, wo Knud den Tod fand und von der heute nichts mehr erhalten ist.
Ebenfalls in der Nähe des Doms ist die alte Schule zu erkennen – *schola trivialis* auf dem Stich – sowie die vier großen Plätze der Innenstadt: der Dom und seine Umfriedung, der Marktplatz (*Forum Regium sive novum*), der Richtplatz und Fischmarkt (*Forum Justiarum et piscarium*) und der Flackhaffn mit dem Rathaus (*praetorium*).
Weitere Details: die Wassermühle der Mönche (D) am Fluß Odense Å südwestlich der Stadt, das königliche Schloß bei Naesbyhoved (Nessbyhoffvet), das 1583 geräumt wurde, sowie ein Blick auf den Fjord und mehrere Dörfer auf der nahen Insel Fyn am Horizont.

TAFEL 41

ORLÉANS und BOURGES

Orléans [mit] Bourges. 1575.

Band II, Nummer 10. Zwei Abbildungen (175 x 470 mm bzw. 197 x 470 mm). Nach Joris Hoefnagel (um 1560).

Als der frühere Handelsposten am Standort von Orléans von den Römern erobert wurde, war er unter dem Namen Cenabum bekannt, wurde aber in Aurelianum umbenannt. Attila, der die Siedlung 451 belagerte, wurde von Aetius zurückgeschlagen. Auch der Angriff der Sachsen 471 unter Odoaker blieb erfolglos. Erst 498 fiel Orléans an Clovis, der hier 511 das erste kirchliche Konzil auf französischem Boden abhielt. Hundert Jahre lang war Orléans Hauptstadt eines separaten Königreiches, bis die beiden Königreiche 613 mit Paris als Hauptstadt vereinigt wurden. Ein Brand zerstörte 999 den größten Teil der Stadt; sie wurde wieder aufgebaut zu einer der schönsten mittelalterlichen Städte Frankreichs. Als königliche Domäne war Orléans Residenz mehrerer Könige Frankreichs, einige wurden hier gekrönt. Es gab eine königliche Münze, und 1306 wurde per Dekret eine Universität gegründet. Im Hundertjährigen Krieg belagerten Burgunder und Engländer Orléans bis zum Entsatz der Stadt durch Johanna von Orléans im Frühjahr 1429; später wurde sie ein Zentrum des protestantischen Glaubens in Frankreich. Während der sogenannten Religionskriege wurde die Stadt von Franz, Herzog der Guisen, belagert, der den Brückenkopf am linken Loire-Ufer besetzt hielt.

Die Ansicht, die um 1560 vom jenseitigen Loire-Ufer aus angefertigt wurde, zeigt Orléans als stark befestigte Stadt mit noch intakten Mauern und Türmen, die zwischen 1563 und 1564 niedergerissen wurden, und der Kathedrale Sainte-Croix (Leglise de la S. croije), die die Hugenotten 1567 niederbrannten.

Bourges wurde am Zusammenfluß von Yèvre und mehreren kleinen Flüssen erbaut,

wo sich früher die gallische Stadt Avaricum befand, die in Cäsars Kriegsbericht *De bello gallico* als eine der wichtigsten Städte Galliens beschrieben wird. 52 v. Chr. wurde sie dem Erdboden gleichgemacht, stieg aber unter Augustus als Hauptstadt von Aquitania Prima wieder zu Bedeutung auf. 250 n. Chr. wurde sie unter Ursinus Bischofssitz; 475 von den Westgoten eingenommen und bis um 507 besetzt gehalten.

Im Mittelalter war Bourges Hauptstadt der Provinz Berry und Residenz von Karl VII. während der englischen Besatzung Frankreichs im 15. Jahrhundert, Ludwig XI. gründete 1463 die Universität, deren juristische Fakultät lange als unvergleichlich galt. Mehrmals war Bourges Ort der Einberufung kirchlicher Konzile.

Auf dieser Ansicht Hoefnagels ist Bourges von der Kathedrale St. Étienne beherrscht, mit deren Bau im 12. Jahrhundert begonnen, die aber erst im 16. Jahrhundert fertiggestellt wurde. Außerdem kann man das Palais des Kaufherrn Jacques Cœur (hier: La maison Jacques cœur) erkennen, wahrscheinlich das schönste noch erhaltene Beispiel gotischer Säkularbauten in Nordeuropa.

Cœur wurde um 1400 in Bourges geboren, wanderte aber 1432 in die Levante aus, wo er ein einträgliches Gewerbe mit dem Handel von Edelmetallen und Tuchen sowie dem Transport von Pilgern von und nach Jerusalem betrieb; er schloß für Karl VII. günstige Handelsverträge mit den Kaufleuten Ägyptens und Syriens ab. Sein Motto war: A vaillant cœur rien impossible. Und ein Sprichwort besagte: „Reich wie Jacques Cœur . . .“

Cœur heiratete in den Adel ein, sein Sohn wurde Erzbischof von Bourges. 1433 begann Cœur mit dem Bau des Palais de Jacques Cœur als Residenz und Handelshaus. Letztendlich fiel er in Ungnade; 1451 wurde sein Besitz beschlagnahmt, er selbst eingekerkert. Doch er entfloh 1453 nach Rom und starb 1456 auf Chios. Sein Palast war inzwischen längst zum Rathaus und Gerichtshof umfunktioniert worden.

TAFEL 42

OXFORD und WINDSOR

Oxonium, nobile Angliae oppidum [mit] Vindesorium celeberrimum Angliae castrum. 1575.
Band II, Nummer 2 (180 x 480 mm). Nach Joris Hoefnagel (um 1560).

Wie im Falle der Erzrivalin Cambridge (s. dort) ist auch über die Frühgeschichte der Universitätsstadt Oxford relativ wenig bekannt. Die Gründung ihrer Universität liegt auch bei ihr im Bereich der Legende. Der Name der Stadt wird 912 zum erstenmal im *Anglo-Saxon Chronicle* als Oxnaford erwähnt, was wörtlich übersetzt „Ochsenfurt" heißt, doch wurde *ox* auch in Verbindung mit einem keltischen Wort gebracht, das „Wasser" bedeutet. Als Festung war Oxford der wichtigste militärische Stützpunkt an der Themse, es widerstand Angriffen der Dänen und wurde wiederholt – 979, 1002 und 1010 – niedergebrannt.

Der Ursprung der Universität ging wahrscheinlich auf regelmäßige theologische Vorlesungen zurück, die Robert Pullen hier 1133 hielt, obwohl auch Schulen den großen Stiften wie Osney und St. Frideswide angegliedert waren. Die Ansicht von Hoefnagel zeigt Oxford von Norden aus; zu dieser Zeit waren folgende Colleges bereits gegründet: All Souls (1433, gegründet von Henry Chicheley, Erzbischof von Canterbury), Baliol (ca. 1263,

von John de Baliol, 1269 bestätigt durch seine Witwe), Brasenose (1509, durch William Smith, Bischof von Lincoln). Hier verbrachte Robert Burton, der Verfasser der eingangs zitierten *Anatomie der Melancholie* und Bewunderer der *Civitates*, um 1593 seine frühen Studienjahre. Es folgten Christ Church (1546, eine Neugründung durch Henry VIII.), Corpus Christi (1516, durch Richard Fox, Bischof von Winchester), Exeter College (1314, durch Walter Stapleton, Bischof von Exeter), Lincoln College (1427, durch Richard Flemyng, Bischof von Lincoln), Magdalen College (1458, durch William von Waynflete) Merton College (1274, aufgrund einer Stiftung Walter de Mertons), New College (1379, durch William von Wykeham), Oriel College (1326, durch Eduard II.), Queen's College (1340–1341, durch Robert de Eglesfield, Hofkaplan von Philippa, Gattin König Eduards III.), St. John's College (1555, durch Sir Thomas White), Trinity College (1555, durch Sir Thomas Pope) und University College (angeblich 872, die Statuten wurden 1249 im Testament Williams von Durham niedergeschrieben, die ersten Gründungsstatuten 1280 veröffentlicht).

Die Ansicht darunter zeigt Windsor Castle von Norden, wie es auch heute noch leicht wiederzuerkennen ist. Als Residenz englischer Könige geht es mindestens auf die Zeit nach der Eroberung durch die Normannen zurück.

TAFEL 43

PADOVA (PADUA)

Patavium nobilissima et litterarum studiis florentissima Italiae civitas. 1617. *Band VI, Nummer 55 (386 x 486 mm). Nach einer nicht benannten Quelle.*

Padua erhebt den Anspruch, die älteste Stadt Norditaliens zu sein – der Trojaner Antenor soll sie gegründet haben. Schon früh entwickelte es sich zu einer wohlhabenden und lebendigen Stadt auf den Hochebenen westlich Venedigs (s. dort), vor allem berühmt durch die Pferdezucht und Qualität ihrer Wolle. Padua litt erheblich während des Einfalls der Hunnen 452 unter Attila, danach fiel es in die Hände der Westgoten unter Odoaker und Theoderich und wurde 452 ins oströmische Reich eingegliedert. Wie in vielen Städten Norditaliens erlebte es eine Reihenfolge verschiedener Herrscher und Regierungsformen: die Lombarden und Franken, Bischöfe, die Commune, Despoten, gefolgt von einer Periode venezianischer Vorherrschaft. Während der Zeit der Commune im 11. Jahrhundert gaben sich die Bürger von Padua eine Verfassung, die als Legislative einen Rat vorsah sowie eine *credenza* oder Exekutive. Im 12. Jahrhundert kam es zu Kriegen mit Venedig über die Schiffahrtsrechte auf den Flüssen Bacchiglione und Brenta. In dieser Zeit stand die Stadt unter der Herrschaft mehrerer mächtiger Familien, unter ihnen die Camposampieri, da Romano und d'Este (ab 1175).
Die Stadt erlebte eine kurze Periode der Stärke, doch Rivalitäten schwächten sie sehr bald wieder. Friedrich II. konnte ohne viel Schwierig-

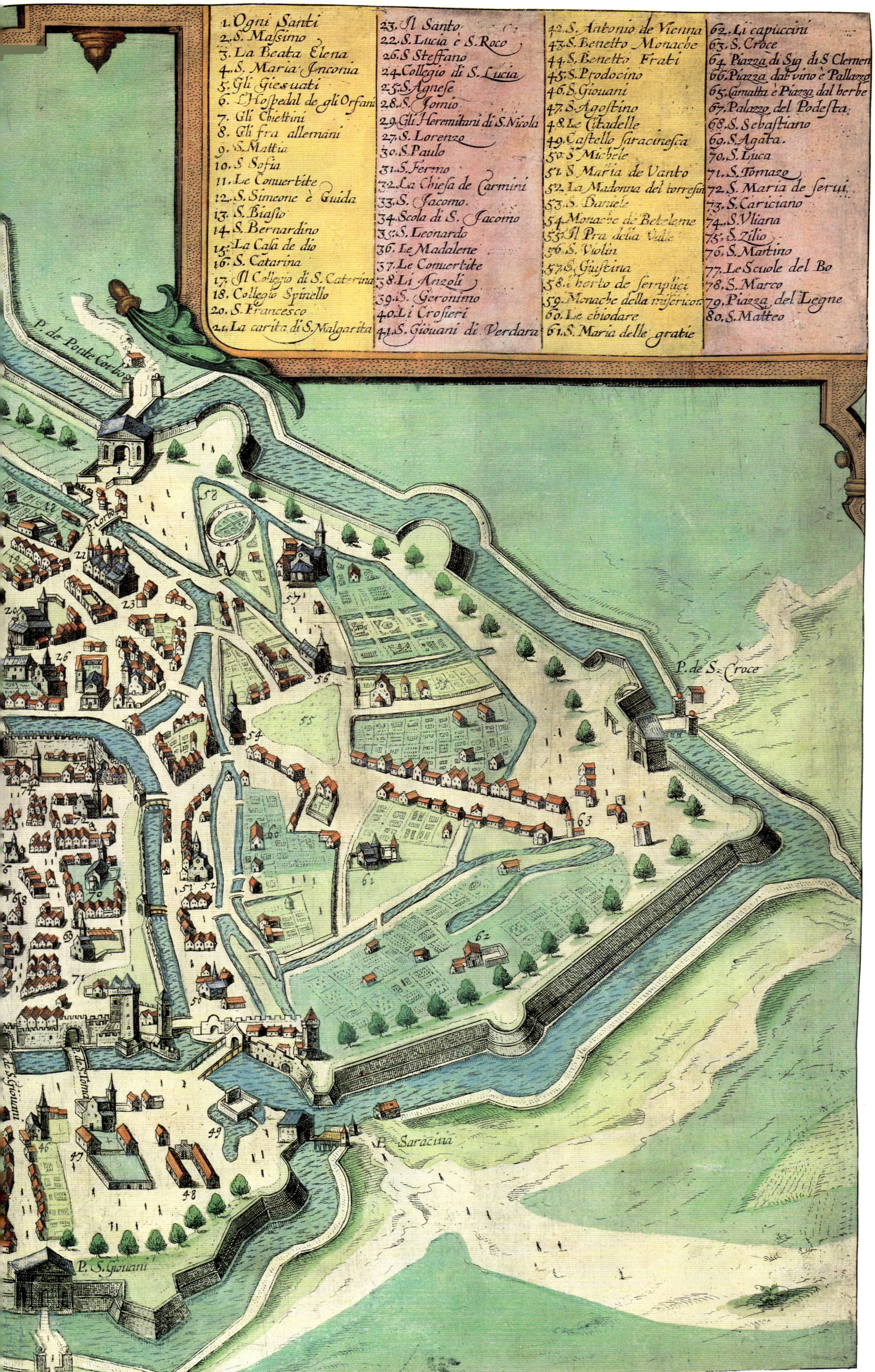

keiten Padua und seine Nachbarstädte einnehmen; er gründete 1238 die Universität, begann mit dem Bau von Il Santo, dem Dom, und die Stadt gewann die Vorherrschaft über Vicenza. Ab 1259, nach dem Tode von Friedrich Probst, Ezzelino da Romano, erlebte Padua eine kurze Zeit des Aufschwungs. Doch nach einer weiteren Periode innerer Unruhen während des ganzen 14. Jahrhunderts fiel Padua 1405 wieder Venedig zu; die Stadt wurde von zwei venezianischen Statthaltern verwaltet, dem *podestà* für zivile Angelegenheiten und einem *capital* für militärische, von denen jeder eine Amtsperiode von ungefähr sechzehn Monaten innehatte. Die Vorherrschaft Venedigs endete 1797 mit dem Fall der Seerepublik. Der Stich zeigt die alte Stadt innerhalb der Mauern und die fünfzehn Brücken über den Bacchiglione, der die Stadtmauer wie ein Wassergraben umgibt, samt Vorstädten aus venezianischer Zeit. Besonders bemerkenswert sind der Palazzo della Ragione, der 1172 begonnen, 1219 fertiggestellt und 1420 nach einem Brand wiederaufgebaut wurde, sowie der Pallazo dell' Podestà (1532); unter den Kirchen der Dom (Il Santo), die Augustianische Eremitani aus dem 13. Jahrhundert und die Madonna dell' Arena mit ihren Fresken von Giotto. Padua nimmt einen herausragenden Platz in der Geschichte der Künste und Wissenschaften ein. Die Universität zog viele großen Künstler der frühen Renaissance an, unter ihnen Giotto, Fra Filippo Lippi und Donatello. Mantegna (1431-1506), noch ein wichtiger Maler der Renaissance, studierte hier unter Squarcione (1394-1474), einem Sohn dieser Stadt.

TAFEL 44

PARIS

Lutetia, vulgari nomine Paris, urbs Galliae maxima, Sequana navigabili flumine irrigatur . . . 1572. *Band I, Nummer 7 (345 x 475 mm). Nach Sebastian Münster (1569).*

Paris entwickelte sich aus Lutetia, der gallischen Siedlung der Parisier, die auf einer flachen, sumpfigen Insel inmitten der Seine lag, der Île de la Cité. Dieses kleine Dorf kontrollierte den Flußübergang einer Handelsstraße von Norden nach Süden, die auf dem Stich als geradlinig verlaufende Straße von links nach rechts zu sehen ist.

Unter den Römern dehnte sich die Siedlung auf das Südufer des Flusses aus mit einem Kastell an der Stelle, wo heute das Pantheon steht. Eine ansehnliche Stadt wuchs heran, samt *forum* (Marktplatz), Theater, Arena und Aquädukt, deren äußere Grenzen mehr oder weniger den Stadtmauern auf Münsters Ansicht entsprachen.

Nach dem Niedergang Roms und zum Schutz gegen die Beutezüge einfallender Germanen zogen sich die Einwohner von Lutetia Parisiorum (so nannten die Römer die Stadt) hinter die befestigten Ufer der Seineinsel zurück. Später dehnte sich die Stadt wieder aus, diesmal aufs Nordufer des Flusses.

Schon 987 war Paris unter Hugo Capet Hauptstadt des Königreiches Frankreich geworden. Das Stadtgebiet von Paris zu der Zeit, als Münsters Stich entstand, ist durch die innere, fast halbkreisförmige Mauer begrenzt, die Philippe August von 1180 bis 1210 errichten ließ. Sie verläuft ungefähr entlang der Linie zwischen dem enger bebauten Stadtzentrum und den etwas offener gestalteten Vorstädten. Die Universität wurde um 1200 gegründet. Philippe August ordnete auch an, daß die Straßen gepflastert werden sollten. Die äußeren Befestigungsanlagen wurden

unter Karl V. (1337-1380) und Karl VI. (1368-1422) errichtet, mit dem großen Fort La Bastille (Bildmitte oben). Diese Mauern umschlossen ein Stadtgebiet von ungefähr 440 Hektar.

Die älteste Universität Frankreichs wurde hier 1215 gegründet. Während der Regierungszeit Heinrichs IV. (1553-1610) wurden die ersten erfolgreichen Versuche unternommen, Paris zu einer repräsentativen Hauptstadt und gesünderen Stadt für seine Einwohner zu machen. Während des 13. und 14. Jahrhunderts versammelte sich der Rat der Stadt noch in einem kleinen Gebäude nahe Saint-Geneviève auf dem linken Seineufer, doch unter Franz I. wurden die Versammlungen ins Maison aux Pilier, das damalige Hôtel de ville (= Rathaus), verlegt (Bildmitte).

Erwähnt werden muß das großartige Wahrzeichen von Paris, die Kathedrale von Nôtre-Dame auf der Île de la Cité, die auf der Ostseite nahe der Bildmitte zu sehen ist. Mit dem Bau wurde 1163 begonnen, fertiggestellt wurde sie um 1240. Der Königspalast, der Louvre, geht auf Philippe August zurück, der an dieser Stelle eine Festung errichtete, die später abgetragen und als das Bauwerk wiederaufgebaut wurde, das wir heute als die Residenz der französischen Könige von Franz I. bis Mitte des 19. Jahrhunderts kennen.

Auf der Westseite der Île de la Cité kann man die Zitadelle erkennen, den früheren Palast der Merowinger und Capets, der im 12. und 13. Jahrhundert zum Parlament von Paris umgebaut wurde. Anstelle dieser Gebäude, die im 17. und 18. Jahrhundert durch Feuer zerstört wurden, erhob sich später das Palais de Justice. Obwohl wir nicht mit Sicherheit sagen können, wie groß die Einwohnerzahl von Paris zu der Zeit war, als der Stich entstand, können wir von geschätzten 200000 ausgehen.

TAFEL 45

PRAHA (PRAG) und CHEB (EGER)

Praga, Bohemiae metropolis accuratissime expressa [mit] Egra. Egra urbs a fluvio, cui adiacet, dicta. 1572.

Band I, Nummer 29 (185 x 465 mm). Prag nach Johannes Caper und Michael Peterle (1562); Eger nach Sebastian Münster (ca. 1550).

Prag, die alte Hauptstadt Böhmens, Sitz von Erzbischöfen und kaiserlichen Gouverneuren und heute Hauptstadt der Tschechoslowakei stellt das schönste Beispiel städtischer Entwicklung im Heiligen Römischen Reich dar. Die alte Stadt an der Moldau setzte sich aus der Staré mešto (Alststadt), Nové mešto (Neustadt), Malá strana (kleines Viertel), Hradčany (Hradschin = Burg), Josefské mešto (Josefstadt, einst das jüdische Viertel) und Vyšehrad (obere Burg) zusammen. Von frühester Zeit an war Prag dazu bestimmt, Hauptstadt Böhmens zu werden, einer Region, die von Gebirgszügen eingeschlossen ist. Von diesen natürlichen Grenzen führten alle Straßen nach Prag, der Stadt mit ihrer mächtigen Burg – dem alles überragenden Hradschin aus dem 9. Jahrhundert, der auf einer steilen Klippe über dem tiefeingeschnittenen Tal der Moldau angelegt worden war. Über den Fluß führte an einer gesicherten Stelle eine Furt, wo die Karlǒv most (Karlsbrücke) 1357 gebaut wurde, die eine frühere Holzkonstruktion ersetzte. Der Fluß war ein wichtiger Verkehrsweg, und die Brücke, wo Wasser- und Handelsstraßen sich kreuzten, wurde im 11. Jahrhundert durch eine zweite Burg, den Vyšehrad geschützt.

Als Prag sich in der zweiten Hälfte des 13. Jahrhunderts ausdehnte, entstand südlich des Hradschin auf dem linken Flußufer die Malá strana

(Bürgerstadt). Die Altstadt auf dem rechten Flußufer hatte sich bis zur Furt über den Fluß hin ausgedehnt. Nach dem Bau der Brücke nahm sie weiter zu und erlangte Bedeutung als Zwischenstation für Händler. Die bürgerliche Mittelschicht von deutschen Handwerkern und Kaufleuten, vom Rang her zwischen der Unterschicht der slawischen Bevölkerung und dem kaiserlichen Reichsadel mit seinen internationalen Verbindungen stehend, setzte ihre Erfahrungen in Stadtplanung geschickt ein. Eine große jüdische Gemeinde erlangte im 11. Jahrhundert ebenfalls Bedeutung.
Als verbriefte Stadt datiert die Altstadt von 1232, ihre Stadtmauern stammen aus dem Jahre 1235. Sie bildete sich um das alte Rathaus (Staroměstska radnice), dessen Grundmauern aus dem Jahre 1381 stammen.
Prags große Periode der Entwicklung, wie sie diese Ansicht zeigt, fand unter der Herrschaft Kaiser Karls IV. (1346-1378) statt, als es Hauptstadt des Heiligen Römischen Reiches und die bedeutendste Stadt Mitteleuropas war. Karl IV. legte die Ausdehnung der Altstadt nach Süden und Osten aus und plante weitere Vorstädte rund um drei große Plätze. Zwei dieser Plätze sind erhalten: der Karlsplatz und der Wenzelsplatz, heute eine breite Straße. Es war auch Karl IV., der die Universität 1348 gründete – sie spielte eine bedeutende Rolle in der Geschichte Böhmens während der Hussitischen Kriege. Zusammen mit dem Wenzelsplatz ist sie das bedeutendste Vermächtnis Karls IV.

Burg Eger wurde von Kaiser Barbarossa als Kaiserpfalz errichtet. 1203 erhielt die Siedlung Nürnberger Stadtrecht, 1277 wurde sie zur Reichsstadt erhoben. Erwähnenswert ist der Rolandsbrunnen auf dem alten Marktplatz als ein Wahrzeichen der Unabhängigkeit Egers.

ROM

Roma. 1572.

Band I, Nummer 49 (335 x 490 mm). Wahrscheinlich nach G.F. Camoccio (1569).

Nach der Sage wurde Rom, die „Ewige Stadt", 753 v. Chr. gegründet; diese Ansicht des „modernen" Roms zeigt die Stadt von Westen her. Das Stadtgebiet wird von der Aurelianischen Mauer aus dem Jahre 280 v. Chr. und durch spätere Mauern mit Bastionen begrenzt, die den Vatikan und Teile des Westufers des Tibers schützen.

Ungefähr zwölfhundert Jahre nach dem Bau der Aurelianischen Mauer, die ein Stadtgebiet von rund 1330 Hektar umschloß, befand sich Rom in einem akuten Zustand des Niedergangs und Verfalls. Es litt unter Kriegen und Plünderungen und stand unter der Herrschaft von aufeinanderfolgenden Kaisern, eindringenden Barbaren und Päpsten. Die Bevölkerung schrumpfte von wahrscheinlich 650000 um 100 v. Chr. auf knapp über 17000 im Jahre 1377 – daher die großen unbebauten Flächen innerhalb der Mauern auf Camoccios Ansicht.

Roms zweite Blüte begann im 15. Jahrhundert; die Ausdehnung der Stadt war von ihrem Standtort und den topographischen Gegebenheiten bestimmt. Das Land entlang des Tibers war sumpfig; nicht nur der Tiber selbst trat regelmäßig über die Ufer, sondern auch die Bäche, die zwischen den sieben Hügeln – besonders dem Kapitol und dem Palatinischen Hügel – zu Tal flossen. Das Wasserversorgungs- und Abwassersystem des alten Rom war so effektiv, daß Teile der Cloaca Maxima, die unterirdische Kanalisation, noch heute genutzt werden. Die frühe Entwicklung der Stadt verlief ohne große systematische Planung: Sie wuchs zu schnell, die Anforderungen des riesigen Imperiums waren zu groß, die ehrgeizigen Pläne der aufeinanderfolgenden Cäsaren und Herrscher zu widersprüchlich, um eine systematische

Stadtplanung zu ermöglichen. Eine Bestandsaufnahme aus den Jahren 132–153 n. Chr. zählte elf öffentliche Bäder, neunzehn Aquädukte, zwei Zirkusarenen, zwei Amphitheater, drei Theater, achtundzwanzig Bibliotheken, 1790 Stadtpaläste und 46602 Wohnhäuser – zu einer Zeit, als Rom seinen Höhepunkt bereits überschritten hatte! Mehr als ein Jahrtausend später wurden ehrgeizige Vorhaben in Angriff genommen, um der Stadt zu altem Glanz zu verhelfen, nicht zuletzt durch die Päpste der Renaissance. Eine detailliert ausgearbeite Stadtplanung schuf Platz für die neue Basilika, den St. Petersdom, mit dessen Bau 1506 begonnen wurde und der auf dem Stich nur schwer zu erkennen ist, die Piazza del Popolo und Piazza Navona und andere. Die hervorragendsten Bauwerke auf der Ansicht sind die Engelsburg (Castell Sant' Angelo) mit der Brücke, die den Vatikan mit dem Ostufer des Tibers verbindet, und das Pantheon, das große Gebäude mit der blaugrauen Kuppel in der Bildmitte. Das Colosseum steht im offenen Gelände auf der rechten Bildmitte. Während des 15. und 16. Jahrhunderts entwarfen die Päpste einen Gesamtplan für die Stadtentwicklung. Er sah eine Reihe von geraden Prachtstraßen vor, die die sieben großen Wallfahrtskirchen verbinden und großartige Perspektiven eröffnen sollten, um gleichzeitig dem Ruhme der Kirche zu dienen und für einen unbehinderten Verkehrsfluß durch die Stadt zu sorgen. Frühe Anzeichen dieser Prachtstraßen sind auf dem Stich sichtbar, die dreiteilig auseinanderlaufende Anordnung der Straßen von der Piazza del Popolo zu den Nordtoren, die von Leo X. und Clemens VII. gebaut wurden, die Strada Felice von den Kirchen Sta. Maria Maggiore und Sta. Croce in Gerusalemme aus und die Strada di Porta Pia, die bei den Thermen des Diokletian über der Bildmitte ihren Anfang nimmt.

ROSTOCK

Rostochium urbs Vandalica Anseatica et Megapolitana. 1598.
Band V, Nummer 47 (335 x 486 mm). Wahrscheinlich nach Heinrich von Rantzau (vor 1598).

Berichte einer Stadt Rostock tauchen erst um 1218 auf; die ersten Anzeichen einer aufblühenden Wirtschaft um 1260 – obwohl angenommen wird, daß sich hier bereits im 4. Jahrhundert eine Siedlung befand. Eine Zeitlang (1314-1319) war Rostock in der Hand des dänischen Königs, kehrte aber bald wieder unter den Schutz Mecklenburgs zurück und schloß sich der Hanse unter der Jurisdiktion Lübecks an. Rostock war eines der Gründungsmitglieder der mächtigen Wendischen Hanse, wo es an Einfluß nur Lübeck nachstand. Die Univer-

sität, eine der ersten im Ostseeraum, wurde 1419 gegründet.
Rostock erlebte Ende des 15. Jahrhunderts den Höhepunkt seiner wirtschaftlichen Blüte, gerade als sein politischer Einfluß zu schwinden begann, doch verlor die Stadt die Souveränität, die sie sich während ihrer Zugehörigkeit zur Hanse erworben hatte, nie ganz. Der Stich vermittelt einen Eindruck vom regen Handel und Treiben in der Stadt mit den Schiffen, die am Kai am linken Ufer der Warnau angelegt haben, und den wohlhabend gekleideten Einwohnern auf dem Ostufer im Vodergrund des Stiches.
Inmitten der Stadt erhebt sich die Marienkirche mit ihren sieben Pforten. Rostock hatte sieben Stadttore, sieben Werften und das Rathaus *(curia)* neben der Marienkirche sieben Türme mit sieben Glocken.

TAFEL 48

ROTTERDAM

Roterodamum, Hollandiae in ostio Roteri flu. Opp. Magni illius Desiderii Erasmi Patria. 1588.

Band IV, Nummer 13 (286 x 400 mm). Nach Jacob van Deventer (1558-1572).

Rotterdam, wörtlich „der Damm am Fluß Rotte", wurde von Wolfert von Borsken, Vogt von Holland, um 1420 gegründet. Die ursprüngliche Siedlung lag in einer sumpfigen Niederung im Bereich von Crooswijk, nordöstlich der Innenstadt und der Hoogstraat, die in westöstlicher Richtung (von links nach rechts auf der Abbildung) verläuft. Die ältesten Straßen im Herzen der Stadt, bis zum zweiten Weltkrieg größtenteils erhalten, waren die Oppert und die Lombardstraat, nicht weit vom Bulgersteyn im Westen der Stadt.

Bis ins 16. Jahrhundert war Rotterdam nicht mehr als ein unbedeutender Fischereihafen; Dordrecht (s. dort) war noch immer der bedeutendste Hafen der *graafschaap* von Holland. Zwischen 1340 und 1348 baute Rotterdam seine Verbindungswege zum Inland auf der Rotte und Schie aus, indem es die beiden Flüsse durch Kanäle mit der Overschie verband. Dadurch wurde der Transport von Rohwolle für die Tuchwebereien Den Haags (s. dort) und Leidens (s. dort) erheblich beschleunigt, zum Nutzen Rotterdams als Umschlagplatz. 1839 baute das im Nordwesten gelegene Delft einen kleinen Hafen in der Nähe Rotterdams, Delftshaven, das heute zu Rotterdam gehört – für Rotterdam kaum eine Bedrohung seines Handels, hatte es doch schon damals eine gutgehende Fischerei und Handelsverbindungen mit England, von wo aus der Hauptanteil der Rohwolle hier gelandet wurde. Auch ein bedeutender Handel in

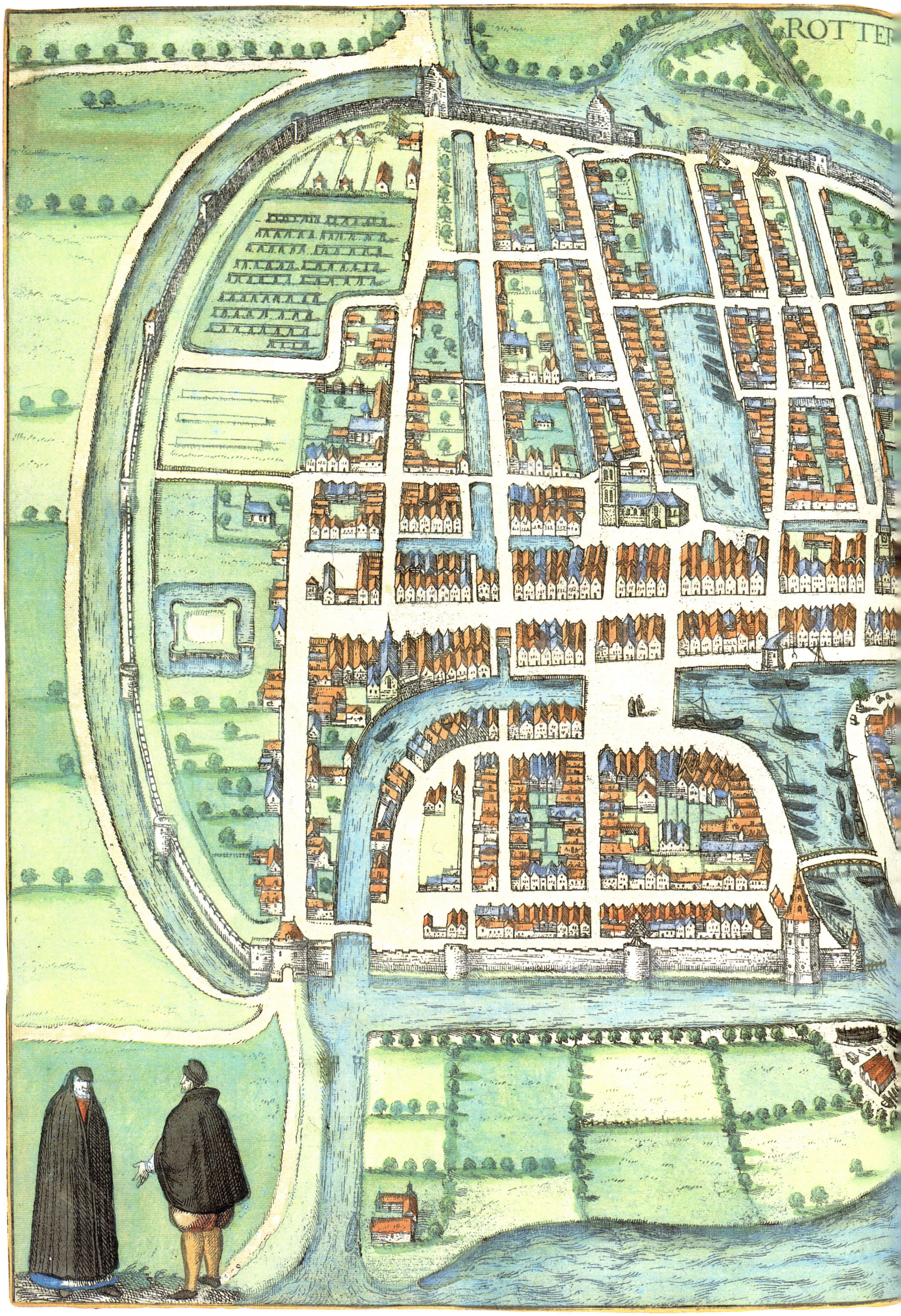

Wein und Korn mit Frankreich setzte ein.
Der stärkste Anstoß zur Entwicklung Rotterdams kam, als es Ende des 16. Jahrhunderts das Monopol als „Stapelhafen" erhielt, ein Privileg, das zuvor Dordrecht innehatte. Neue Docks, wie das Blaak auf dem Südufer der Maas, wurden angelegt. Viele Waren aus dem Ausland wurden in Rotterdam umgeschlagen, denn Amsterdam (s. dort) hatte sich noch nicht zu einem internationalen Hafen entwickelt, obwohl ein regelmäßiger Fährverkehr von Lastkähnen zwischen den beiden Städten 1588 eingerichtet worden war.
Nach dem Niedergang Antwerpens (s. dort) 1585 siedelten sich viele Einwanderer von dort in Rotterdam an, einschließlich der flämischen Weber. Die Stadt blühte auf, ihr Reichtum manifestierte sich im Bau der St. Laurenskerk (Bildmitte), mit dem Ende des 14. Jahrhundert begonnen wurde. Wie die Stadt wuchs, so wurde auch diese Kirche ausgebaut, der hohe Turm stammt von 1449.
Noch einflußreicher wurde Rotterdam, als der Hafen von Delftshaven zu versanden begann. Um 1600 war es die bedeutendste Hafenstadt Hollands. Obwohl es seinen Heringshandel an Vlaardingen und Schiedan im Westen verlor, wuchs die Stadt weiter und weitete sich zwischen 1576 und 1600 über das eingedeichte Gebiet zum Maasufer hin aus, das Oost- und West-Nieuwland, wie auf dem Stich dargestellt. Während die meisten Städte in Holland nach der Zeit von 1650 bis 1670 in ihrer Entwicklung stagnierten, traf dies auf Rotterdam nicht zu; Mitte des 16. Jahrhunderts zählte es 7000 Einwohner, hundert Jahre später, kurz nach der Veröffentlichung dieser Ansicht, hatte sich diese Zahl auf an die 50000 erhöht.

TAFEL 49

ROUEN, NÎMES und BORDEAUX

Rotomagus, vulgo Roan, Normandiae Metropolis [mit] Nemausus, Nismes Civitas Narbonensis Galliae vetustissima [mit] Civitatis Bordegalensis in Aquitanea genuina descriptio.

Band I, Nummer 9. Drei Abbildungen (gesamt 325 x 465 mm). Rouen nach Joris Hoefnagel; Nîmes nach Sebastian Münster (1569); Bordeaux nach Antoine du Pinet (1564).

Rouen, die alte Hauptstadt der Normandie, war früher eine keltische Siedlung, die die Römer Rotomagus nannten. Im 3. Jahrhundert war es das Zentrum der Provinz Lugdnunensis Secunda und wurde später Sitz eines Erzbischofs. Obwohl die Stadt unter ihren frühen Bischöfen aufblühte, wurde sie mehrmals von den Normannen geplündert, die sie 912 zur Hauptstadt ihres Reiches machten und zur fürstlichen Residenz der späteren Herzöge ausbauten. Handelsabkommen wurden mit den Kaufleuten von Paris (s. dort), später mit London (s. dort), der Hanse und Flandern getroffen.

Während der englischen Besatzung wurde der größte Teil der Kathetrale von Rouen gebaut. Hier wurde auch Johanna von Orléans vor Gericht gestellt und 1431 auf dem Scheiterhaufen hingerichtet. Danach unternahmen die Könige Frankreichs etliche Versuche, Rouen wiederzuerobern, blieben jedoch erfolglos, bis die Engländer die Befestigungen in der Normandie 1449 aufgaben. Im 15. und 16. Jahrhundert war Rouen ein Zentrum der Kunst und Kultur Frankreichs und eine der ersten seiner Städte, in denen der zunehmende Einfluß der Renaissance sichtbar wurde.

Nîmes, das alte Nemausus im Südwesten Frankreichs, war schon zur Zeit der Römer eine große und bedeutende

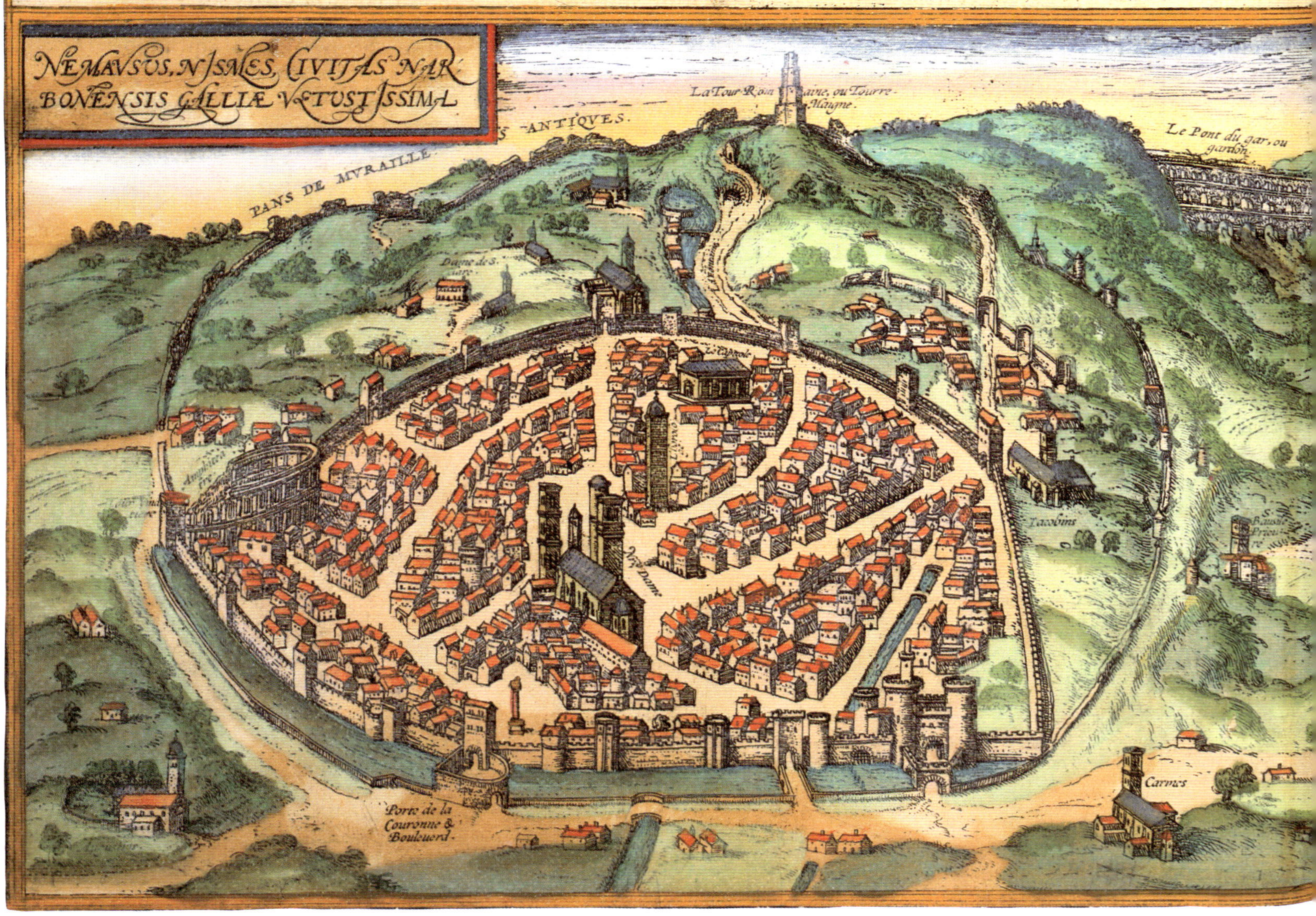

Stadt. Agrippa ließ die öffentlichen Bäder errichten, einen Tempel zu Ehren der Diana und den Pont du Gard, das berühmte Aquädukt, hier am rechten Rand einer der kleineren Abbildungen zu sehen, wie auch Überreste der unter Augustus erbauten Mauern und das Amphitheater, das von den Vandalen in eine Zitadelle umgebaut wurde.
Die Seidenmanufaktur spielte eine überragende Rolle für den wirtschaftlichen Aufschwung, den die Stadt im späten Mittelalter nach der Zuwanderung von Seidenwebern aus der Lombardei und Toskana nahm. An die 10 000 Einwohner dürften in der Seidenherstellung und ihr nahestehenden Gewerben beschäftigt gewesen sein, als diese Ansicht entstand.

Bordeaux, auf dem linken Garonneufer im Südwesten Frankreichs gelegen, war das Burdigala der Römer, das der Geograph Strabo beschreibt. Es stieg im 4. Jahrhundert v. Chr. zur Hauptstadt der Provinz Aquitania Secunda auf und bildete auch später das wirtschaftliche Zentrum dieser Region.
Nach der Plünderung durch die Vandalen 276 n. Chr. wurde eine Stadtmauer, die *enciente*, gebaut; sie umschloß ein Stadtgebiet von 300 Hektar und gab Bordeaux über 800 Jahre lang ausreichend Schutz. Unter der Besatzung durch die Engländer (1154–1453) verfaßte Eduard I. dort 1298 ein Schreiben, das an erfahrene Baumeister gerichtet war und zur Neugründung von Städten aufrief. Obwohl Bordeaux keine neue Stadtgründung war, blieb es die Hauptstadt einer Region, in der an die dreißig neue Städte, *bastides* genannt, in einem Rechteck unter Eduard I. angelegt wurden, als Grenzposten und zur Förderung der Kolonisation der Gascogne. Zwischen Bordeaux und England entwickelte sich ein blühender Weinhandel; die jährliche Ausfahrt der Weinflotte geriet bei der Bevölkerung jedes Jahr zum großen Ereignis.

SEVILLA

Sevilla. 1588.
Band IV, Nummer 2 (355 x 475 mm). Nach Joris Hoefnagel.
Sevilla, das frühere Hispalis, war unter wohlhabenden Römern ein beliebter Wohn- und Ferienort; die Kaiser Hadrian, Trajan und Theodosius wurden in der Nähe geboren. Im 5. Jahrhundert errichtete das Vandalenvolk der Silinger hier eine Hauptstadt, bis Toledo diese Rolle 531 unter der Herrschaft der Westgoten übernahm.
Nach der Besetzung der Stadt durch die Mauren blühte der Handel in Sevilla auf. Araber von Emesa in Syrien ließen sich hier in großer Zahl nieder, deren Dynastien die Stadt über mehrere Generationen hinweg regierten, bis die Almorawiden, strenggläubige und kriegerische Berber aus der Sahara, ihr Reich von Nordafrika auf Spanien im 11. und 12. Jahrhundert ausdehnten und die Stadt einnahmen. Nachdem sie 1086 das christliche Heer Kastiliens bei Badajóz abgewehrt hatten, wurden sie von den Almohaden abgelöst, die Sevilla 1147 eroberten und es zu ihrer Hauptstadt machten. Unter ihrer Herrschaft kam Sevilla zu großem Reichtum, aber die Dynastie verlor an Macht, und 1248 wurde die Stadt ohne Mühe von Ferdinand III. zurückgewonnen. Nach einer kurzen Rezession erholte sich die Wirtschaft Sevillas im 15. Jahrhundert wieder dank der Entdeckungsreisen des Christofer Kolumbus und der anschließenden Kolonialisierung Amerikas.
Die Mitte der vorliegenden Ansicht wird von Santa Maria de la Sede eingenommen, eine der größten Kathedralen der

Welt, mit deren Bau 1402 begonnen und die 1519 fertiggestellt wurde. Ihr Glockenturm, die Giralda, stammt aus dem 12. Jahrhundert und ist maurischen Ursprungs. Das bedeutendste Zeugnis maurischer Geschichte ist der Alcâzar, vergleichbar der Alhambra Granadas (s. dort) . Unter den Almohaden wurde der Bau 1181 begonnen – sie ist gut zu erkennen am Torre del Oro (Baubeginn 1220) am Flußufer. Die Schule, 1256 von Alfonso I. gegründet, wurde 1502 zur Universität erhoben. Ebenfalls auf der Ansicht dargestellt ist das Aquädukt, das von den Römern auf 410 Stützbögen errichtet wurde, sowie die Stadtmauer mit einem Umfang von sechzehn Kilometern, zwölf Stadttoren und 166 Türmen.

Am Flußkai ist eine Flotte von Segelschiffen abgebildet, Zeugen der Handelsaktivitäten der Stadt. Der Export unterlag zum größten Teil einer Gilde von Kaufleuten mit Sitz in Cadiz, dem *consulado*, die das Außenhandelsmonopol Spaniens innehatten und ein Büro in Sevilla unterhielten. In der Praxis wurde dieses Monopol jedoch von genuesischen Kaufleuten unterlaufen, die vor allem ab 1529 Tuche, Lebensmittel und Industriewaren in die Neue Welt verkauften.

Der Seehandel mit der Neuen Welt wurde ab 1537 in der Form organisiert, daß jährlich eine Schatzflotte zwischen Cádiz, Sevilla und den Kolonien in Amerika verkehrte. Sevilla profitierte vor allem vom Handel mit Wein, Salz, Korn, Töpferwaren und Seide. Seine Bevölkerung wuchs von ca. 15000 zu Beginn des 16. Jahrhundert auf ca. 90000 um 1594.

TAFEL 51

'S-GRAVENHAGE (DEN HAAG)

Hagae Comitis celeberrimi totius Europae municipii typus. 1617.

Band VI, Nummer 9 (381 x 460 mm). Nach Cornelius Bos und Joris van Hurn (1616).

Im 13. Jahrhundert war Den Haag nicht mehr als ein Jagdschloß, das an der Grenze zwischen den Herzogtümern Leiden und 's-Gravezande errichtet worden war. Bis zum heutigen Tag ist es Sitz des Königshofs und der Regierung, während Amsterdam lediglich Hauptstadt der Niederlande wurde.

Der Wahl für das Gelände der Siedlung standen natürliche Hindernisse entgegen wie die nahe gelegenen Sanddünen, umliegendes Ackerland, einige wenige Bauernhöfe, Viehweiden und offenes Land. Eine alte Römerstraße verlief in der Nähe, die die früheren Mündungen der Maas und des Rheins verband. Hier war es, daß Floris IV. 1229 die Ruinen eines alten Wehrhofes *(hoeve)* kaufte und damit den späteren Platz für den Binnenhof bestimmte *(Buyten Hoff*, Bildmitte rechts, neben dem Hofvijver, dem künstlich angelegten Teich). Floris' Nachkommen erweiterten die Gebäude und errichteten eine Residenz für Wilhelm III. (1227-1256) und den Ridderzaal Floris' V. (1254-1296). Indem sie Den Haag zur Residenz wählten, lösten die Grafen von Holland eine Periode des Wachstums der Stadt aus, besonders zwischen der zweiten Hälfte des 14. und dem frühen 15. Jahrhundert. Der alte ländliche Weiler op de Geest wurde dem Hof eingegliedert und erhielt 1370 offiziell den Rang eines Dorfes, den es bis heute beibehielt. Die Gemeindekirche St. Jacobus (Bildmitte unter Nummer 4) wurde zwischen 1370 und 1470 gebaut, Den Haags

Goldenem Zeitalter. Sie wurde im 15. Jahrhundert durch ein gotisches Bauwerk ersetzt, und fünf Klöster wurden gegründet, von denen nur das Dominicaanenklooster erhalten blieb. Ein Dutzend Kapellen und viele andere kirchliche Bauwerke wurden errichtet. Entlang der Voorhout verläuft der Vijverberg, der Hügel aus dem Erdaushub, als der Hofvijver angelegt wurde. Auf dem Kneuterdijk standen die Paläste und Häuser das Adels. Obwohl Den Haag offiziell bis heute nicht das Stadtrecht besitzt, war es im 15. Jahrhundert allgemein als Stadt anerkannt. Von Kämpfen und Unruhen blieb auch Den Haag nicht verschont: die für die Stadt ungünstige Entwicklung der Textilindustrie, innere Unruhen nach dem Tod Karls des Kühnen 1477, Seuchen, Brände und Religionskriege. Der Tiefpunkt war zu Beginn des Achzigjährigen Krieges erreicht, als 1575 die Spanier einfielen und sich hier trotz heftiger Gegenwehr der Einwohner verschanzten.

Doch bald danach kehrten die verschiedenen Verwaltungen zurück, einschließlich des *Staten Generaal* und des *Stadhouder*. Den Haags zweite Blüte brach an und dauerte bis Ende des 17. Jahrhunderts. Zwischen 1594 und 1610 wurden neue Binnenkais gegraben, so daß die Lastkähne und andere Schiffe an der Spuikwartier anlegen konnten. Während des Zwölfjährigen Friedens mit Spanien (1609-1621) wurden Verteidigungsanlagen errichtet, die ein Gebiet von 200 Hektar umschlossen, von dem mehr als die Hälfte offenes Gelände war. Die Bevölkerung Den Haags wuchs stetig, von 7000 im Jahre 1585 auf 16000 im Jahre 1622, kurz nachdem dieser Stich entstand. Wie zu früheren Zeiten stützte sich diese wirtschaftliche Blüte auf das Tuchgewerbe.

TAFEL 52

STOCKHOLM

Stockholm. 1588.
Band IV, Nummer 38 (161 x 487 und 156 x 487 mm). Nach Hieronymus Schol.

Wie die Ansicht von Kopenhagen (s. dort) zeigt auch die vorliegende von Stockholm zwei unterschiedliche Panoramen, um dem Betrachter einen vollständigen Eindruck der Stadt Ende des 16. Jahrhunderts zu vermitteln. Und wie schon bei Bergen (s. dort) sind die Stiche nach Vorlagen Hieronymus Schols angefertigt worden, die die idyllische Lage Stockholms an der Ostküste Schwedens zwischen Mälar- und Saltsjösee hervorheben. Nach der Überlieferung wurde es 1255 auf der Insel Stadholmen von Birger Jarl gegründet, lange nach dem Niedergang der früheren königlichen Siedlungen bei Björkö, das Handelsbeziehungen mit Dordrecht unterhielt, und Sigtuna (wo von König Olaf im 11. Jahrhundert die erste Münze eingerichtet worden war).

Bei Stadholmen trennen sich die Wasser des Mälarsees im Westen: Norrström fließt nach Norden, mit Norrmalm an seiner nördlichen Küste, Söderström fließt nach Süden, mit Södermalm an seiner südlichen Küste. Beide Ansichten zeigen deutlich, wie dichtgedrängt die Häuser der alten Siedlung auf der kleinen Insel beisammenstanden; um 1580 war Stockholm im Grunde nur eine Provinzstadt mit ungefähr 10000 Einwohnern, noch nicht offiziell anerkannt als Hauptstadt Schwedens. Das wurde es erst

1634, obwohl die Stadt seit dem 14. Jahrhundert als Residenz für Könige und Regierungen gedient hatte.
Am und um den Galma Stan entstand die Innenstadt. Die obere Ansicht zeigt das mächtige Königsschloß aus dem 13. Jahrhundert, Tre Kronor Slott, am Nordende der Insel; das Bauwerk wurde 1697 zum größten Teil durch ein Feuer zerstört. In seiner Nähe liegt die Storkyrka aus dem Jahre 1264, die St. Nicolas geweiht war; sie ist die älteste Kirche der Stadt. In der Nähe des Königspalasts befanden sich auch die palisadenbewehrten Kaianlagen, die Skeppsbro, mit Wassermühlen und den Lagerhäusern der Kaufleute, die über Stege vom Ufer aus erreicht werden konnten.
Auf Riddarholmen (Insel des Adels), westlich von Stadholmen, kann man Riddarholmskyrka erkennen, die Kirche aus dem 13. Jahrhundert, die früher Klosterkirche des Franziskanerordens war und heute als Grabstätte des schwedischen Königshauses dient. Dort sind eine Vielzahl von Reliquien aus den Feldzügen aufbewahrt, die Schweden auf dem europäischen Festland führte. Am Nordzipfel der Insel erkennt man den Birger Jarls Torn aus dem 15. Jahrhundert.
Auf der unteren Ansicht blickt man von der Küste Södermalms auf die Stadt, genau schräg gegenüber zur oberen Perspektive. Man sieht die Brücke, die die alte Stadt mit dem Festland verbindet, mit Toren auf beiden Seiten. Besonders gut erkennt man Skeppsbro am rechten Rand der Tafel.

TAFEL 53

STRASBOURG (STRASSBURG)

Argentoratum. Straßburg. 1572.

Band I, Nummer 33 (388 x 420 mm). Nach Abraham Hogenberg.

Wie viele Städte in Frankreich mit einer römischen Vorgeschichte war auch Straßburg ursprünglich eine Keltensiedlung, die zum Kastell und Hauptquartier Argentoratum ausgebaut wurde. Durch seine Lage in der Rheinebene, nahe der Mündung der Ill, war Straßburg während seiner langen Geschichte schon immer Grenzstadt gewesen; es wurde auch noch oft nach 357 umkämpft, als Justinian hier eine Schlacht gegen die Alemannen schlug. Den Namen Straßburg erhielt die Stadt unter der fränkischen Vorherrschaft im 5. Jahrhundert.

Straßburgs Verbindungen zu Deutschland gehen ins 9. Jahrhundert zurück, als der Herzog von Lothringen Heinrich I. Tribut zollte. Auseinandersetzungen zwischen den Bischöfen und der Bürgerschaft kennzeichneten die frühe Geschichte der Stadt; sie wurden im 13. Jahrhundert endgültig beigelegt, als Philipp von Schwaben Straßburg 1262 den Rang ei-

ner Freien Reichsstadt verlieh.

Doch es gab auch dunkle Zeiten in der Geschichte Straßburgs, darunter die Verbrennung von 2000 Juden im Jahre 1349 aufgrund falscher Beschuldigungen, Brunnen vergiftet zu haben. 1382 trat Straßburg dem schwäbischen Städtebund bei, und war später Verbündete der jungen Schweizer Eidgenossenschaft. Seine Einwohner bekannten sich schon früh zur Reformation und brachten es sogar fertig, im Dreißigjährigen Krieg Neutralität und so sich und ihre Stadt vor großem Schaden zu bewahren.

Die Ansicht zeigt Straßburg im 16. Jahrhundert. Im Mittelpunkt steht das großartige Münster, dessen Westfassade nach einem Entwurf von Erwin von Steinbach (gest. 1318) errichtet wurde. Der Turm auf der Nordseite wurde 1435-1439 angebaut (auf der Abbildung leuchtendrot koloriert); mit einer Höhe von 142 Metern ist er der höchste, der noch im Mittelalter vollendet wurde. Aufgrund der hervorragenden Leistungen, die der Bau dieses Turmes darstellt, übertrugen die Baumeister des Heiligen Römischen Reiches dem Meister der Loge zu Straßburg, das den Beinamen „Großkapitel" erhielt, den Titel des Großmeisters.

TAFEL 54

TOLEDO

Toletum . . . 1566. 1598. *Band V, Nummer 15 (372 x 496 mm). Nach Joris Hoefnagel (1566).*

Spanische Legenden sprechen die Gründung Toledos Herkules zu, aber auch Tubal, dem Enkel Noahs, Iberia, der Tochter des Hispanus, und den Juden, die, von Nebukadnezar vertrieben, sich hier angesiedelt haben sollen und es Toledoth, Stadt der Entstehung, nannten.

Toledo, eine Feste der Carpetaner, wurde von den Römern 193 v. Chr. erobert, die es zu einer Stadtkolonie und zur Hauptstadt von Carpetania machten. Seit Beginn der Christianisierung Spaniens spielte Toledo eine wichtige Rolle im Zusammenhang mit kirchlichen Belangen. Beginnend mit Athanagild (534–547) bis zur Ankunft der Mauren 712 unter Musa war Toledo Hauptstadt des Westgotenreiches in Spanien.

Unter den Mauren stieg die Stadt Tolaitola, wie diese Toledo nannten, als Provinzhauptstadt 712 bis 1035 des Kalifats von Córdoba und von 1035 bis 1085 als souveräner Staat zu voller Blüte auf. Ihre Herrscher protegierten die große jüdische Gemeinde, gründeten Seiden- und Tuchmanufakturen und machten Toledo zu einem Zentrum der arabischen und der Kultur der jüdischen Sepharden. Die Juden nahmen die arabische Sprache an und wurden zu sogenannten Mozarabern, behielten jedoch ihre Religion bei. 1085 nahm Alfonso VI. von Léon und Kastilien unter Mithilfe von El Cid die Stadt im Sturm und machte sie 1087 zu seiner Hauptstadt.

Damit endete die Duldung der Juden: 1355 wurden 12 000 Juden massakriert, und 1492 wurden sie zusammen mit den Mauren endgültig vertrieben. 1580 wurde Ara-

bisch, außer bestimmten Ausdrücken im Gottesdienst, mit Verbot belegt. Bis 1560 war Toledo eine reiche und mächtige Stadt, doch in diesem Jahr wählte Philipp II. Madrid zu seiner Hauptstadt, und Toledo verfiel danach in einen politischen und wirtschaftlichen Niedergang.
Hoefnagels Ansicht vom anderen Ufer des Tajo zeigt die alte Stadt um den Alcázar und die Kathedrale, geschützt durch den Fluß und ihre Lage auf einem steilen Hügel. Über den Fluß spannen sich zwei maurische Brücken, die Puente del Alcántara aus dem 13. Jahrhundert und die Puente de San Martin, erbaut 1212 und wiedererbaut 1390. Die innere Stadtmauer aus dem 7. Jahrhundert wird dem Westgotenkönig Wamba zugeschrieben, die äußere Mauer, die hier zu sehen ist, wurde 1109 unter Alfonso VI. errichtet. Der Alcázar, ein riesiges quadratisches Bauwerk, das auf dem Inset unten rechts als *Palatium Regium Toletanum* bezeichnet wird, steht auf dem Gipfel des Hügels, wo sich früher ein römisches Kastell und später eine maurische Zitadelle befanden. Sie wurde unter Ferdinand (1200-1252) zu einem Palast umgebaut und während des 15. und 16. Jahrhunderts erweitert und ausgebaut. Die Kathedrale, gezeigt im Inset unten links, wurde 589 von dem Westgoten Reccared begründet und von 712 bis 1227 von den Mauren als Moschee benutzt. Ferdinand ließ sie 1227 schleifen und als Kathedrale wiederaufbauen, doch wurde sie erst 1493 fertiggestellt, hauptsächlich unter der Aufsicht des Baumeisters Hanequin de Bruselas, *maestro de la obra* ab 1448. Ebenfalls zu erkennen ist die große gotische Kirche San Juan de los Reyes (1476).
Besonders berühmt war Toledo für die Kunst seiner Waffenschmiede, Klingen aus Toledo waren über zwei Jahrtausende lang hochgeschätzt.

TAFEL 55

VENEZIA (VENEDIG)

***Venetia*. *1572*.**
Band I, Nummer 43 (335 x 485 mm). Nach Bolognino Zaltieri (1565).
Flüchtlinge vom Festland plünderten Venedig, nachdem die Hunnen unter Attila in Norditalien eingefallen waren. Eine große Anzahl von Bürgern italienischer Städte ließ sich an der Küste und den Inseln der Lagune im nördlichen Bogen der Adria nieder und bildete 697 einen gemeinsamen Maritimbund. Eine dieser Siedlungen, Rivoalto, das spätere Venedig, wurde 811 Sitz der Regierung.
Mit der Zeit errang Venedig die Führungsrolle im Handel zwischen Ost und West und erreichte den Höhepunkt seiner Macht und seines Reichtums im 15. Jahrhundert. Byzanz verlieh ihm erstmals die Stadtrechte, wohl in Anerkennung der Hilfe Venedigs gegen die Piraten Dalmatiens, die Pietro Orseolo II., Doge von Venedig, Im Jahre 1000 vernichtend schlug.
Da die Inseln öfters Überfällen vom Meer her ausgesetzt waren, verstärkten und bewaffneten die Venezianer ihre Schiffe und schufen so den Anfang ihrer mächtigen Flotte. In späteren Zeiten konnte die Stadt dank der Kontrolle, die sie über den Seeweg ins östliche Mittelmeer besaß, den dringend benötigten Transport der Kreuzritter ins Heilige Land anbieten, aus dem sie großen Gewinn zog. Venedig, die Stadt der Kanäle, Brücken, Paläste, Plätze

und Kirchen, wird durch den Canal grande, der dem Altlauf des Flusses Alto folgt, in zwei große Stadtteile geteilt. Die Innenstadt besteht aus sechs Vierteln, einst getrennte Inseln, die heute miteinander verbunden sind. Der Stich vermittelt einen Eindruck davon. Jedes Viertel hat seine eigene *piazza*, von denen die bekannteste natürlich die Piazza San Marco ist, an der sich die St. Markuskirche und der Dogenpalast befinden. Hier war ursprünglich ein Marktplatz, der sich zum Zentrum Venedigs entwikkelte, als um 827 zuerst eine kleine Kapelle, später der große Dom hier errichtet wurde. Der alte Dogenpalast war ursprünglich eine Festung aus dem 8. Jahrhundert außerhalb der Stadtgrenze. Der Palast, den wir heute kennen, wurde zwischen 1309 und 1424 erbaut.

Die Piazza San Marco erhielt ihr heutiges Aussehen in den Jahren von 1480 bis 1517. Die Vignette mit der Prozession am unteren Rand der Tafel soll daran erinnern, daß diese *piazza*, wie auch heute noch, ein freier Platz war, zum Nutzen der Bürger und für öffentliche Veranstaltungen, um den herum sich das Leben in der Stadt abspielte. So wie sich heute die Touristen auf der *piazza* scharen, herrschte damals ein großes Gedränge von Händlern, Seeleuten und Besuchern, die von nah und fern in den großen Stadtstaat kamen, als die „Serenissima", die Republik Venetien, noch eine große Seemacht war im Brennpunkt zwischen Orient und Okzident.

TAFEL 56

VILNIUS (WILNA)

Vilna Lituaniae metropolis. 1581.
Band III, Nummer 59 (369 x 495 mm). Quelle unbekannt.

Wo später Wilna entstand, beherrschte schon seit frühester Zeit eine Siedlung den Flußübergang einer alten Ostwesthandelsstraße. Vor allem Händler der Wikinger machten hier halt auf ihren Zügen tief ins Innere Rußlands hinein.

1128 wird Wilna als befestigte Stadt, die zum Großfürstentum Litauen gehört, erwähnt. 1323 wurde es Hauptstadt, als Gedimin, Großfürst von Litauen (1316-1341), seine Residenz von Trakaj hierher verlegte. Aus dieser Zeit stammen die Mauern, die hier abgebildet sind.

Litauen wurde Mitte des 13. Jahrhunderts unter Mindaugas zu einem Königreich vereinigt. Seine Nachfolger gewannen einst verlorene Gebiete wieder und nahmen große Landstriche in Rußland in Besitz, jedoch nicht die an den Deutschorden verlorenen Gebiete südlich der Nemunas in Preußen und nördlich in Livland. Unter Vytautas dem Großen war Wilna Hauptstadt eines Königreiches, das sich von der Ostsee nahe Klaipeda in Samogitien fast bis zum Schwarzen Meer erstreckte.

1410, nach zweihundert Jahren Krieg, wurden die Ritter des Deutschordens in der Schlacht bei Tannenberg besiegt, der livländische Orden 1435 bei Pabaiskas bezwungen und so das weitere Vordringen deutscher Siedler nach Osten gestoppt. Wilna wurde 1447 mit Polen vereint, als Kasimir IV., der Fürst der Stadt, auf den polnischen Königsthron erhoben wurde. Trotzdem blieb das Recht Magdeburgs bestehen, das 1387 eingeführt worden

war. In Wilna gab es auch einen *hof* (Kontor) der Hanse (Das *Deutschhaus*, Nummer 9 auf der Abbildung), nahe dem alten Schloß (*Das hoche Slochs*, Nummer 1). Die Händler aus Moskau betrieben ihr Geschäft vom *Moskowiten hoff* (19) aus.

Unter den Holzbauwerken der Stadt im 16. Jahrhundert, die hier abgebildet sind, befanden sich auch der kaiserliche Palast und der Stanislaus-Dom von 1387 (Nummer 4) sowie verschiedene Kirchen und Stifte aus dem 14. bis 16. Jahrhundert. Sie zeugen von der Bedeutung Wilnas gleichermaßen als Bischofssitz der griechisch-orthodoxen und der römisch-katholischen Kirche. Die Altstadt ist völlig umschlossen von einer stark befestigten Palisade (auf dem Stich weißgrau koloriert wie auch das Schloß). Die große gotische Kathedrale St. Johannes wurde zwischen 1327 und 1427 erbaut (*S. Johan Kirche*, Nummer 14.) Eines der außergewöhnlichsten Beispiele deutscher gotischer Baukunst stellte der Komplex St. Anna und St. Bernhard (*Die bernardiner clost*, Nummer 12) dar: seine bemerkenswerte Westfassade im spätgotischen Stil wurde um 1501 aus Backsteinen gebaut.

Braun und Hogenberg veröffentlichten hier eine Ansicht Wilnas, die es als eine vorwiegend aus Holzhäusern bestehende Stadt zeigt, möglicherweise gezeichnet von dem flämischen Maler Guillebert de Lannoy, der Wilna 1414 besuchte. In den 150 Jahren, die zwischen dieser Zeit und der Veröffentlichung lagen, war ein großer Teil der Stadt von deutschen Händlern und Siedlern mit Häusern aus Natur- oder Backstein umgebaut worden. Ihre Deutsche Gasse und das Viertel um das Rathaus (18) sind ein Beispiel dafür. Die Backsteine wurden häufig von den Kaufleuten selbst aus dem Westen importiert.

TAFEL 57

VISBY

Visbia Gothorum. Wisbu Gotlandiae metropolis, antiquitus amplissima negotiatione celebris, et navigantium schola. 1598.
Band V, Nummer 39 (362 x 487 mm). Nach Heinrich von Rantzau.

Visby auf der Insel Gotland ist die älteste Stadt Schwedens. Obwohl Spuren früher Handelsaktivitäten auf Gotland existieren, scheint Visby selbst bis ins 11. Jahrhundert keine Erwähnung zu finden. Arabische, angelsächsische und andere Münzen wurden hier gefunden, die andeuten, welch reger Handel hier stattfand. Deutsche Händler werden 1161 erwähnt, denn Visby war ein Handelsposten für den deutschen Handel mit Nowgorod, Pleskau, Ploszk, Kiew und Smolensk in Rußland.

Im 13. Jahrhundert war Visby, eine blühende Stadt mit an die 10000 bis 20000 Einwohnern, nach Lübeck die zweitwichtigste Stadt der Hanse. So mächtig war ihr Einfluß zu dieser Zeit, daß es 1199 fünfhundert Kaufleute nach Livland entsandte, die sich dem Kreuzzug der Deutschordensritter anschließen und die wirtschaftlichen Interessen der Stadt im Ostseeraum wahren sollten.

1361 wurde Visby von den Dänen unter Waldemar Atterdag erobert; 1392 versuchten die Kaufleute der Hanse die Stadt zurückzuerobern und zerstörten sie dabei. Von 1398–1408 verteidigte der Deutschorden Visby und Gotland gegen die Vitalienbrüder, Piraten, die dem abgesetzten schwedischen König Albert von Mecklenburg treu ergeben waren. 1408 fiel die Stadt wieder an Dänemark, unter dessen Kontrolle sie bis zum Vertrag von Brömsebrö 1645 verblieb,

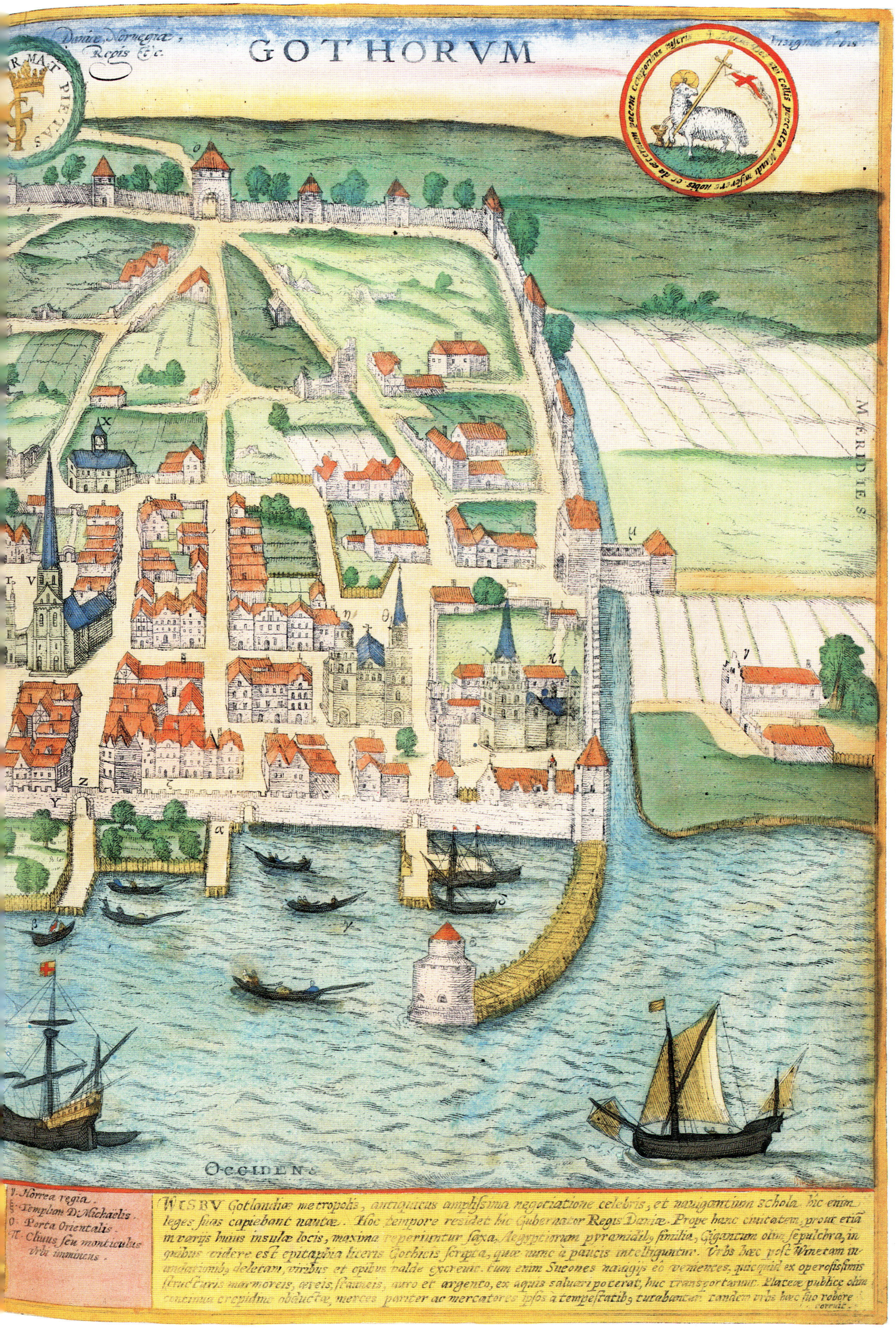

mit dem Gotland an Schweden überging.
Der Stich zeigt Visby in einem Zustand des Verfalls. Die Mauern aus dem 13. Jahrhundert umschließen ein weit größeres Gebiet als den bebauten Teil der Stadt um den Hafen. Betrachtet man den Bereich um Klinten, zum Inland hin, näher, so kann man mehrere Häuserruinen entdecken, die seit dem Ende des 14. Jahrhunderts dort stehen gelassen wurden, als die Angriffe der Dänen und die Gegenangriffe der Hanse in der Stadt großen Schaden anrichteten.
Der Westteil um den Hafen weist viele der bedeutenden Bauwerke aus Visbys großer Vergangenheit auf: die Marienkirche (1190–1225) mit ihren Doppeltürmen (Buchstabe Q in der Legende) sowie zehn andere Kirchen, unter ihnen die Dreifaltigkeitskirche, St.-Olaf-Kirche und St. Nikolaus aus dem 13. Jahrhundert (F), einst Teil eines Dominikanerklosters, sowie die spätromanische Helgeandskyrka von ca. 1250 (I), St. Clemens (G), und St. Lars (S) aus dem 12. Jahrhundert, bemerkenswert für ihren massigen Turm. St. Katharina (V) in der Bildmitte ist eine gotische Kirche aus dem 13. Jahrhundert und war einst Teil eines Franziskanerstifts.
Auf dem Stich ist sowohl der alte Hafen (Portus vetus, Buchstabe ß), der versandete, als auch der durch Wehr- und Leuchttürme geschützte neue Hafen (Portus novus, Buchstabe y) auf der Südseite abgebildet. Diese Bauwerke geben ein Zeugnis ab von dem einstigen großen Reichtum der Stadt vom 11. bis ins 14. Jahrhundert. Oben links ist das Waldemarkreuz abgebildet, in Erinnerung an die 1800 Bürger Visbys, die in der Schlacht gegen Waldemar von Dänemark am 27. Juli 1361 ihr Leben ließen.

TAFEL 58

WARSZAWA (WARSCHAU)

Varsovia. 1617.
Band VI, Nummer 47 (320 x 476 mm). Nach einer nicht bekannten Quelle.

Der kleinen Siedlung an der Stelle, wo sich heute Warschaus Altstadt (Stare Miasto) befindet, wurden 1285 gewisse Rechte verbrieft. Sie war wahrscheinlich eine Neugründung des alten Jazdow, das 1262 niederbrannte. Der Grundstein zum herzoglichen Schloß, unmittelbar südlich der Altstadt, wurde 1289 gelegt.

Die Altstadt wurde über dem steilen Westufer der Weichsel gebaut, wie auf der Ansicht vom gegenüberliegenden Ufer aus deutlich zu erkennen ist. Die Uferböschung mit ihrer Höhe von 21,3 Metern bildete einen natürlichen Schutzwall in Verbindung mit der Stadtmauer, die 1339 errichtet wurde und auf der Inlandseite einen doppelten, auf der Flußseite einen einfachen Mauerring besaß; die Nebenläufe der Weichsel dienten als natürliche Wassergräben.

Im 14. Jahrhundert war Warschau eine kleine Stadt mit an die 150 bebauten Grundstücken, die im Durchschnitt dreißig Meter lang und zehn Meter breit waren. Der Grundriß der Stadt entsprach ungefähr einem Karomuster mit einem kleinen Marktplatz im Zentrum. Um 1408 war der Bereich innerhalb der Mauern zugebaut, so daß die Stadtgrenzen ausgeweitet werden mußten. Die Neustadt (Nowe Miasto) wurde nördlich der Altstadt gegründet. Nach einem Feuer erließ der Rat 1431 eine Verord-

nung, die zukünftige Gebäude aus Holz verbot und nur noch die Verwendung von Natur- oder Backstein als Baumaterial erlaubte – eine Maßnahme, die das Stadtbild Warschaus mit ihrer Backsteinarchitektur bis in die heutige Zeit prägte.
Die herausragende und äußerst günstige Lage der Stadt an der Kreuzung der Handelswege in ostwestlicher und nordsüdlicher Richtung sorgte für einen stetig wachsenden Reichtum. Warschaus geographische Lage hatte aber auch politische Vorteile: Die Stadt befand sich auf dem Territorium des Fürstentums Masowien, das weder zu Polen noch Litauen gehörte, und so war Warschau im Mittelalter gleichzeitig Hauptstadt beider Staaten und blieb doch neutral gegenüber den rivalisierenden Mächten. Im Zentrum des damaligen vereinten Königreiches gelegen, besaß es auch einen Vorteil gegenüber Wilna (s. dort) in Litauen und Krakau in Südpolen. 1596 gaben die polnischen Könige Krakau als Hauptstadt auf, verlegten ihre Residenz nach Warschau und sicherten damit das künftige Wachstum und Ansehen der Stadt. Von 1572 an wurde die Wahl der Könige Polens auf dem Feld von Wola abgehalten, das westlich der Stadt lag. Die Verbindung der Stadt mit den Königshäusern ist durch die Wappen der polnischen Könige auf der Ansicht gekennzeichnet.
Ein Beweis für die Bedeutung der Weichsel für die Wirtschaft Warschaus stellen die Lastkähne und Flöße dar, die flußabwärts nach Danzig (s. dort) für den Export nach Westeuropa treiben. Bemerkenswert ist das Floß mit der Salzladung.

TAFEL 59

WIEN

Vienna Austriae. 1617.
Band VI, Nummer 21 (316 x 490 mm). Nach Jakob Hoefnagel.

Wiens Geschichte begann als unbedeutende keltische Siedlung, die die Römer, die dort ein kleines Kastell errichteten, Vindobana nannten. Von hier aus beherrschten sie die Donau und kontrollierten die Nordflanke ihres Imperiums. Wiens geographische Lage im Zentrum zwischen Ost- und Westeuropa bestimmte sowohl die Geschichte der Stadt als auch ihr äußeres Erscheinungsbild. Während der Kreuzzüge wuchs Wien als eine Art Transit-Stadt oder Verladestation, besonders aber nach 1247, als das Stadtrecht, das Friedrich II. 1237 verliehen hatte, voll bestätigt wurde.

Als Sitz des Hauses Habsburg nahm die strategische und politische Bedeutung der Stadt ab 1276 weiter zu: Wien wurde Hauptstadt eines riesigen Kaiserreiches in Mitteleuropa und „Bollwerk der Christenheit gegen die Türken“; 1529 und 1683 wurden die eindringenden Osmanen trotz langer Belagerung zurückgeschlagen.

Befestigungsanlagen waren aus diesen Gründen lebensnotwendig für Wien. Die Mauern aus der Zeit der Rö-

mer und des Mittelalters wurden während des 15. und 16. Jahrhunderts ausgedehnt. Die auf dem Stich abgebildeten Stadtmauern stammen aus der Zeit der Renaissance; sie schlossen eine Stadt ein, deren Bauwerke zum größten Teil aus dem 14. und 15. Jahrhundert stammten. 1485 erlag Wien dem Ansturm der Ungarn unter Matthias Corvinus, und die Stadt wurde teilweise zerstört. Mit wachsender Einwohnerzahl Wiens mußten für die Bewohner der überbevölkerten Innenstadt neue Wohnungen geschaffen werden. Aufgrund der Zerstörung nach den aufeinanderfolgenden Belagerungen wurde das Zentrum Wiens immer wieder fast neu aufgebaut. Dabei wurden manche Häuser auf bis zu acht, manchmal sogar auf zehn Stockwerke hoch aufgestockt, um die Einwohner und vielen Flüchtlinge in Kriegszeiten unterbringen zu können.

Die von Mauern eingeschlossene Stadtgemarkung auf dem Stich entspricht der heutigen Altstadt um den Stephansdom, dessen hoher Südturm 1433 vollendet wurde. 1365 wurde die Universität gegründet. Eine große Anzahl schöner Gebäude sind im Stadtkern erhalten geblieben, darunter Zeugnisse der Macht religiöser Stifte wie der Schottenhof und Mölkerhof.

TAFEL 60

ZÜRICH

Zurych. Tigurum, sive Turegum, Caesari, ut plerique existimant, Tigurinus Pagus, vulgo Zurÿch. 1581.

Band III, Nummer 44 (365 x 476 mm). Nach Jost Maurer (1576).

Diese herrliche Ansicht zeigt Zürich als eine dichtbebaute Stadt am Ufer der Limmat, nahe dem Zusammenfluß mit der Sihl. Auf dem rechten Ufer liegt die Große Stadt, links die Kleine Stadt. Die ursprüngliche Siedlung wurde erstmals 807 als Turigis erwähnt sowie um 1512 als Tigurum, der (unkorrekt) latinisierten Form, die auch auf dem Titel erscheint.

Die Stadt Zürich entstand im 9. Jahrhundert aus dem Zusammenschluß der Burg auf dem Lindenhof, dem Groß-

INHALT

münster (Probstei), dem Fraumünster und der Gemeinde von freien Bürgern auf dem Zürichberg. 1336 wurden die Handwerkszünfte zum Rat der Stadt zugelassen. Unter den bedeutendsten war die Zunft der Seidenweber, die während des 12. und 13. Jahrhunderts florierte und nach der Ankunft der hugenottischen Flüchtlinge aus Frankreich um 1680 noch einmal zu neuer Blüte aufstieg. Dank der Bemühungen des Bürgermeisters Hans Waldmann (1483-1489), der noch zu seinen Lebzeiten in Zürich ein großes Handelszentrum errichten wollte, wurden Bestimmungen in die Verfassung der Stadt aufgenommen, die bis 1798 in Kraft blieben und gewährleisteten, daß Zürich zu Reichtum und Ansehen aufstieg, von dem viele schöne Gebäude zeugen, die bis heute erhalten sind.